Marc,
Espérons que ce
livre sera source
d'inspiration pour
toi pour préserver
notre fille STP.

Merci.
___

Adeline

Séparons-nous...
mais protégeons nos enfants

Stéphane Clerget

Séparons-nous... mais protégeons nos enfants

Albin Michel

Collection « Questions de parents »
dirigée par Mahaut-Mathilde Nobécourt

À Evelyne, Raymond, Thierry,
Jean-Luc, et Frédéric,
pour leur dire mon affection

« Il faudrait essayer d'être heureux, ne serait-ce que pour donner l'exemple. »

Jacques Prévert

Sommaire

Avant-propos

Si vous lisez ce livre, c'est que vous avez à cœur le bonheur de votre enfant, alors même que vous vous interrogez sur le vôtre. Il est devenu courant pour moi de recevoir des parents en désamour, consultant avant de se séparer pour savoir comment le faire sans porter préjudice à leur enfant. Cette attitude prévoyante témoigne de leur souci profond de l'intérêt de l'enfant. Ils viennent aussi, déjà séparés, leur vie « refaite », pour des conseils quand les événements remanient leur vie de famille. Nouveau ménage, nouvelle naissance, recomposent la vie de chacun et font réagir les enfants. Pourquoi et comment parler de la séparation aux enfants ? Comment continuer à assurer son rôle de père et de mère quand on est en guerre avec l'autre parent, et qu'il nous désavoue sans cesse ? Comment concilier sa nouvelle vie d'homme et de femme avec celle de parent divorcé ? Les questions sont légions et justifient une telle démarche. Les parents consultent surtout quand l'enfant change de comportement, ou montre des signes inquiétants traduisant une souffrance dont ils pressentent ou non qu'elle résulte en partie de leur séparation.

Ne comptez pas sur moi pour prétendre que la séparation

des parents est devenue si banale qu'elle n'affecte guère l'enfant. Elle reste toujours un événement fondamental dans la vie de l'enfant, potentiellement douloureux voire traumatique, une étape décisive dans la destinée de l'enfant. Ses effets sur l'enfant vont être variables selon son âge, sa personnalité et sa place au sein de la famille. Les conditions de la rupture, les modalités de garde, le tempérament des parents et l'évolution de leur relation vont être déterminants dans les réactions de l'enfant. La dépression, l'anxiété, l'agitation, les difficultés scolaires font partie des nombreuses réactions négatives possibles. Vous découvrirez ce qui les sous-tend ainsi que les moyens de les prévenir ou d'y remédier. La séparation parentale va également colorer les différentes étapes du développement psychologique et affectif de la vie de l'enfant telle que la période œdipienne ou bien l'adolescence. Vous serez informés de la façon dont cela se passe et comment les accompagner. Les aspects positifs ne seront pas oubliés, comme lorsque le climat qui était insupportable redevient calme, quand l'enfant découvre une autonomie nouvelle qui l'aide à mûrir ou lorsqu'il voit ses relations avec son père prendre un essor inattendu.

Ce livre vous aidera à répondre aux questions des enfants, à celles qu'ils vous posent et à celles qu'ils se posent sans oser les énoncer. Et comme la réponse en acte est parfois la meilleure, vous verrez quelles sont les attitudes à éviter comme celles qu'il convient d'adopter avec les différents membres de la famille pour apaiser les tensions.

Cet ouvrage s'adresse aussi au nouveau conjoint(e), beau-parent, demi-frère, grands-parents, enseignants, qui font partie de la pièce qui se joue autour de l'enfant. Leur rôle à chacun et ses difficultés propres y sont analysés en profondeur. Il n'y a pas à culpabiliser les parents en quête de leur bonheur personnel. Le bien-être futur de leur enfant, leur bonheur, dépend aussi de ce bonheur-là. Ce livre a pour ambition d'aider à faire cohabiter au sein des familles ces bonheurs singuliers malgré les divergences réelles ou seulement apparentes. Il vous aidera à préserver l'enfant, son identité et ses racines, sa santé, son équilibre psychologique et affectif, et son devenir. C'est le respect de l'enfant qui sera notre guide au fil de ces lignes, et donc le respect de vous-mêmes.

Avertissement

Les observations citées dans ce livre ont toutes reçu, pour des raisons évidentes de confidentialité, les modifications d'usage. Toute ressemblance de lieu, de temps ou de nom ne pourrait être que fortuite. Elles restent pour autant authentiques dans le fond et l'esprit.

1

Pourquoi se sépare-t-on ?

Passion consumée et consommation passionnée

« Tous les hommes sont menteurs, inconstants, faux, bavards, hypocrites, orgueilleux et lâches, méprisables et sensuels ; toutes les femmes sont perfides, artificieuses, vaniteuses, curieuses et dépravées [...], mais il y a au monde une chose saine et sublime, c'est l'union de deux de ces êtres si imparfaits et si affreux », écrit Musset dans *On ne badine pas avec l'amour*.

J'ai suivi les enfants d'un couple divorcé qui, un an après sa séparation, a décidé de reprendre la vie commune. L'amour n'avait pas disparu quand la décision du divorce avait été prise, mais il était devenu invisible dans la brume d'autres tourments. J'ai, par ailleurs, reçu des parents me consultant en duo pour savoir comment rendre leur séparation la moins pénible possible pour leur enfant et qui, finalement éclairés sur leur fonctionnement de couple, ont choisi de poursuivre l'aventure ensemble. Bien sûr, il est des situations qui sont trop avancées dans la violence et dans le dés-amour pour qu'on puisse y remédier ; mais la réanimation est plus souvent réalisable qu'on ne le croie, évitant

17

la mort du couple. Élaguer les branches de l'arbre qui masque la luminosité d'un amour suffit parfois pour que la maisonnée reprenne vie. Comprendre les raisons des brisures de liens, des changements de valence qui entraînent des recombinaisons amoureuses, permet de réagir face à nos mouvements émotionnels et d'être un peu moins les marionnettes de notre inconscient. La présence d'enfants justifie cette réflexion préalable à toute décision de séparation. Prévenir, c'est guérir en amont.

◻ Naissance d'un amour

Quand je questionne les couples divorcés sur l'intensité de l'amour qui a initié leur histoire, ils me répondent neuf fois sur dix qu'il s'agissait d'un amour très fort ou assez fort. Le divorce, rétabli en 1884 (après avoir été autorisé de 1792 à 1816), a redonné, selon Didier Dumas[1], de l'érotisme à la relation conjugale, perdue avec le XIXᵉ siècle. Le caractère officiellement utilitaire d'une union, le mariage « arrangé », tel qu'on le rencontrait dans le passé ou tel qu'il existe encore dans d'autres contrées, n'est pratiquement plus de mise ici et maintenant. L'indépendance financière des femmes et leurs droits nouveaux n'y sont pas pour rien. Pourtant la sécurité financière reste un argument officieux dans beaucoup d'unions. Cela n'empêche pas l'amour d'y avoir sa place, mais la puissance financière d'un des membres du couple peut avoir joué un grand rôle dans son pouvoir d'attraction. De même, la jeunesse ou la beauté sont également des attraits qui valent leur pesant d'or. Ce n'est pas cyniquement que se fait ce type d'union, simplement, d'aucuns se sont construits affectivement en investissant leur libido dans ces manques-là. Au cours de leur développe-

---

1. *Et si nous n'avions toujours rien compris à la sexualité ?*, Albin Michel, 2004.

18

ment affectif, ils ont confondu (du fait sans doute de la façon dont ils ont été aimés enfants) le verbe aimer avec le verbe posséder, mélangeant possession amoureuse et possession matérielle, amalgamant l'« être aimé » avec l'« avoir », autant celui qui « a » que celui ou celle qui donne « à voir ». Quand ces décors viennent à disparaître, quand on est à l'abri du besoin ou quand le besoin renaît, c'est alors la faillite amoureuse, à moins que d'autres relais n'aient été pris.

À l'autre bout de la carte de Tendre, il y aurait l'amour passionnel. Communément, c'est un coup de foudre qui le déclenche. Le paysage amoureux est alors des plus turbulents. Se constellent une attirance physique intense, un emballement et une excitation sexuelle majeure, une intensité et une violence des sentiments, un aveuglement, une exaltation émotionnelle. Ce big-bang entraîne chez les amants un détachement provisoire de la réalité environnante. Des enfants sont nés de ces moments de folie amoureuse, on les appelle les enfants de l'amour. Le retour sur terre est crucial pour la survie. Un amour serein, romantique, fait de communication, de tendresse, de confiance, de désir, de sollicitude, de tolérance et d'affection attend souvent le couple quand la passion lâche prise. Mais il arrive que la descente se fasse sans parachute et que rien ne les attende en dessous. En effet, quand deux êtres se rencontrent sous le sceau du désir et dans l'illusion amoureuse, la rencontre ne va parfois pas au-delà de la rencontre des corps. L'union reste alors partielle et ne s'accompagne pas de résonances émotionnelles. Les valeurs culturelles et affectives, le langage, les centres d'intérêt, la mythologie personnelle n'étant pas à l'unisson, le compagnonnage n'est pas possible. Il reste de ces unions un souvenir intense et parfois un bambin.

Si le coup de foudre inaugure un peu plus d'un tiers des rencontres, le chemin le plus fréquent qui conduit à la mise en couple est une prise de connaissance mutuelle avec un

19

intérêt et une attention grandissants. Quand le désir sexuel est présent, quand les langages des cœurs sont complémentaires et que valeurs culturelles et affectives se correspondent, la vie commune se réalise.

☐ Les motifs de la désunion

Mais le regard familial et social porté par des valeurs matérialistes ou culturelles peut invalider des unions, pourtant nées dans le désir de corps chapeauté de valeurs affectives communes. La pression externe peut alors les désunir. Les emprises familiales et sociales sont des acteurs essentiels dans la rupture de beaucoup de couples. Si l'on entre dans la maison commune avec un trousseau trop chargé de liens familiaux qui sont parfois de véritables chaînes chargées de boulets, le couple fera probablement du surplace. C'est le cas de cette famille qui se vivait comme un clan et dont toutes les pièces rapportées, c'est-à-dire les gendres et les belles-filles, étaient considérées par les parents comme indignes de leurs enfants. C'est le cas de Stella, dernière enfant d'une fratrie de trois, qui n'a pas connu son père parti du foyer à sa naissance. Dans un mécanisme de répétition inconscient, Stella se sépara de son mari à la naissance de son troisième enfant. La vie d'un couple est soumise à des processus transgénérationnels qui n'ont pas été décodés à temps et que l'on prend pour le destin.

Parmi les nouvelles donnes sociales qui portent atteinte à la durée de vie des couples, il y a le consumérisme qui, touchant de plus en plus de domaines de la société, gagne aussi les relations à deux. La présentation des relations de couples dans les médias, privilégiant le caractère spectaculaire de guerre des sexes, est sans doute un facteur d'influence chez les jeunes générations pour lesquelles les modèles télévisuels deviennent prégnants. Auparavant, on restait dans le cadre familial et l'on essayait d'aménager sa vie personnelle au sein de ce cadre. Dorénavant, l'aménagement de sa vie personnelle prime et ce sont les sentiments qui dominent la vie de famille. On est encore à l'heure d'un contrecoup face aux relations de couples définies il y a deux ou trois générations, quand la place des hommes et des femmes dans le couple était loin de la parité. À l'aune de ces inégalités séculaires, on peut comprendre certaines réactions de femmes comme des règlements de comptes transgénérationnels. D'autant que la société ne dénigre plus comme jadis le ou la célibataire avec ou sans enfant. Enfin, la principale donne est l'augmentation de la durée de vie. Bien que les nouveaux couples se mettent en ménage de plus en plus tard, prolongeant ainsi leur adolescence en « adulescence », les couples n'ont jamais eu, dans l'histoire, la possibilité statistique de vivre aussi longtemps ensemble, augmentant ainsi le risque de crises. Paradoxalement, jamais la crainte du vieillissement n'a été autant exprimée, or vieillir ensemble, c'est se voir vieillir.

La culture de l'amour au sein du couple

L'idée de fonder un foyer est une attente majeure, même si elle n'est pas exprimée d'emblée lorsqu'une relation débute. À celle-là s'ajoutent chez chaque membre du couple beaucoup d'autres attentes conscientes ou non, réalistes ou totalement utopiques. De la satisfaction ou non de ces attentes, des conflits qui vont naître de ces insatisfactions, des capacités du couple à régir ces querelles, des compétences de chacun à gérer le stress du quotidien va dépendre la durée de vie de la relation à deux.

□ Amour et haine, un terreau commun

Quand les enfants questionnent leurs parents sur le pourquoi de leur séparation, ils s'entendent répondre : « C'est parce qu'on ne s'aimait plus. » Bien sûr, comme toutes les œuvres d'art qui ne seraient pas protégées, l'amour peut s'éroder avec le temps, perdre de son éclat, se patiner par l'usage et la routine, et s'abîmer sous les tourmentes. La dégradation se produit de façon insidieuse, à l'insu souvent des intéressés qui, lorsqu'ils s'en aperçoivent tardivement, ne peuvent que constater l'étendue des dommages. Pourtant, mes observations ainsi que certaines études indiquent que l'amour, bien qu'ayant évolué, reste très souvent présent jusqu'à la séparation. Non, ce n'est pas toujours la disparition de l'amour qui entraîne la séparation ! D'ailleurs, il n'y aurait pas tant de tensions une fois la séparation effectuée s'il ne restait plus que des reliquats d'amour. Si l'indifférence occupait réellement le terrain, on n'assisterait pas à cette guerre des tranchées ou guerre de cent ans qui suit tant de séparations prononcées.

La haine, comme du chiendent, envahit les terres où le couple a cultivé son amour et, au sein de ce paysage, on finit par ne voir plus qu'elle, indestructible. Ensemencée par les attentes déçues, elle a crû au soleil noir des conflits et des défauts de communication. Mais le terreau reste le même, et la présence de la haine qui accompagne la rupture n'est pas l'absence d'amour. « Qui chérit à l'excès sait haïr à l'excès » a écrit Aristote. Simplement, si l'amour est aveugle, la haine est borgne et le regard porté sur l'autre devient alors partiel.

Les disputes sont normales au sein d'une relation de couple et existent aussi dans les couples qui sont globalement satisfaits de leur relation. Mais dans les couples en crise, on observe que les causes sont attribuées au caractère ou à la personnalité de l'autre et non pas aux circonstances. Voici une scène qui se déroule dans le cadre d'une relation satisfaisante : Jeanne se fâche contre Serge, car il laisse traîner ses affaires au milieu du salon. Serge râle, mais ne renchérit pas et range deux ou trois affaires, car il se dit que Jeanne est stressée par son boulot en ce moment. Il lui dit qu'il sait qu'elle est stressée, mais que lui aussi a eu une journée fatigante. Il lui propose alors de prendre un bain avec elle, suivi d'un massage relaxant une fois que les enfants seront couchés et Jeanne s'excusera de s'être emportée. Dans le cas d'une relation en danger, Lise se fâche en disant à Richard qu'il sera « toujours » aussi égoïste, à ne penser qu'à son propre bien-être aux dépens de celui des autres. Quant à Richard, il ne réagit pas, refuse le dialogue en pensant que Lise est insupportable et qu'elle ne changera jamais. Le résultat, Musset l'écrit dans *On ne badine pas avec l'amour* : « L'ivresse des premiers jours, puis la tranquillité des autres, et comme enfin tout s'était envolé, comme elle était assise le soir au coin du feu, et lui auprès de la fenêtre, sans se dire un seul mot ; comme leur amour avait langui, et comme tous les efforts pour se rapprocher n'aboutissaient qu'à des querelles. »

□ **Renoncer aux attentes chimériques**

La culture de l'amour est un art délicat que le couple expérimente de façon empirique avec comme modèles des expériences différentes : la façon dont chacun a été aimé, les relations d'amitié, les façons dont on s'est aimé autour d'eux (et notamment la relation de leurs parents) et leur propre manière d'aimer antérieurement. La régulation de la distance entre intimité et liberté est un facteur d'équilibre. La bonne distance émotionnelle aussi. Il s'agit de s'adapter aux besoins de l'autre en ce domaine et de savoir mettre de l'eau dans le vin de ses vaines attentes. Que l'autre réponde toujours à mes attentes, qu'il ou elle m'aime sans conditions, qu'il ou elle m'aime sans que j'aie d'efforts à fournir et me prenne tel (le) que je suis, que je sois tout pour lui ou elle, que l'autre soit toujours tel(le) qu'il ou elle était au début de notre relation, qu'il ou elle soit toujours de bonne humeur, voici quelques-unes des attentes chimériques, attentes promises à être insatisfaites et donc génératrices de déceptions ou de crises de couple. Quand on ne relève plus que ses comportements négatifs (absences, méprises, négligences, maladresses) et que l'on devient aveugle aux attitudes positives (approbations, attentions, services), le partenaire finit par adopter préférentiellement ces comportements négatifs et à renoncer aux autres.

□ Affronter les obstacles

La capacité de gérer les conflits est une composante pronostique importante pour la durée d'un couple. D'ailleurs, le fait que les enfants de parents séparés divorcent statistiquement plus fréquemment que les autres pourrait provenir de défauts d'apprentissage dans la résolution des discordes conjugales dans la mesure où le modèle parental n'a proposé que la séparation comme solution aux conflits. Le manque d'intérêt pour ce que l'autre propose, ce que l'autre pense, la difficulté à exprimer ses sentiments, à communiquer, le défaut d'engagement dans la relation, la faiblesse créative quand il s'agit de trouver des issues aux impasses relationnelles, le manque de disposition aux compromis sont autant de pierres jetées dans le jardin de l'amour. La facilité à entrer en conflit est aussi, bien sûr, une menace, mais, à l'inverse, l'évitement systématique des conflits en est une autre. Car la discorde marque souvent un obstacle dans le cheminement du couple, et il convient de le passer, car ne pas l'affronter entrave aussi le cheminement.

Accepter la dispute, c'est aussi accepter de chercher des compromis et des solutions. Ce sont en grande majorité les hommes qui ont tendance à éviter les conflits. Ils se raidissent et prennent plus volontiers une position de silence, de retrait, de repli sur soi. Les femmes, majoritairement, s'investissent davantage dans le travail relationnel, cherchent des solutions, y compris en lançant la querelle, et contraignent les hommes à faire face aux réalités. C'est parfois générateur de violence chez l'homme, obligé à sortir de sa tanière et répondant par l'intimidation ou la voie de fait. Quand la violence physique ou psychique s'installe, qu'elle soit masculine ou féminine, les jours du couple sont comptés. De même quand la femme, plus engagée dans le relationnel, désinvestit le couple et opère un repli émotionnel, la zone rouge est atteinte. C'est alors toute l'histoire du couple, y compris les points positifs, qui est revisitée de façon négative et qui se conclut par le sentiment ou la conviction de s'être trompé sur son partenaire ou, pire encore, de s'être fait avoir.

Quand un partenaire décide une séparation, c'est que le couple devient un obstacle majeur à son évolution personnelle. Bien sûr sont cités, comme causes de la séparation, les problèmes financiers, l'alcoolisme et la violence (citée par les femmes) et les mésententes sexuelles (par les hommes), mais les plus fréquentes sont le désaccord émotionnel, l'appauvrissement de la relation et une dissension dans l'évolution des centres d'intérêt, des valeurs et des objectifs.

□ Que signifie l'infidélité ?

La fidélité est une autre des principales attentes des hommes et des femmes qui se mettent en couple. Confiance et sincérité sont, pour la grande majorité d'entre nous, les

25

signifiants fondamentaux de l'amour. La parité est en marche et l'infidélité concerne dorénavant en Occident autant les femmes que les hommes. Il est dit que la motivation serait plus sexuelle chez les hommes, plus relationnelle ou affective chez les femmes. C'est probable, puisque le sexuel et l'affectif ne se définissent et ne s'expriment pas de la même façon chez les hommes et les femmes. Pour justifier une infidélité, on avance le plus souvent une insatisfaction sexuelle ou affective. D'autres « explications » sont alléguées, comme une façon de tester son attachement à son partenaire en période de doute, parfois un désir de vengeance ou, plus simplement, de faire payer le prix d'un « com-promis ». Il peut s'agir aussi d'un manque de confiance, de l'inquiétude d'être lâché par l'autre, l'infidélité étant alors une façon de ne pas mettre tous ses œufs dans le même panier. Mais ce n'est pas toujours par rapport au couple. Beaucoup de relations extraconjugales participent d'un besoin d'être rassuré sur ses capacités de séduction. Elles ont une visée de renarcissisation lors de périodes de mésestime de soi. Elles traduisent aussi un besoin d'aventure et d'excitation nouvelle chez quelqu'un qui ne considère pas l'adultère comme amoral. Enfin, nul n'est à l'abri de tomber amoureux une seconde fois. Les capacités d'attraction (ne serait-ce que celle de la nouveauté) de l'autre personne jouent bien sûr un rôle significatif, surtout si cette nouvelle relation est annonciatrice de plus d'épanouissement personnel et qu'elle succède à une insatisfaction relationnelle préalable. Mais il est des couples qui ont résisté et qui ont rangé au rayon des pertes et profits des épisodes d'infidélité comme des épiphénomènes qui ne remettent pas en question l'essentiel.

☐ Le stress, ennemi du couple

Le stress est évidemment une cause majeure de séparation. J'entends ici les facteurs de stress externes à la relation de couple, mais qui sont autant d'attaques répétées qui, au long de la vie du couple, le détériorent. Aux stress du quotidien (conflits au travail, stress financier, stress familiaux, contraintes, corvées de la vie courante) qui minent la relation de façon insidieuse, s'ajoutent des facteurs plus conséquents (déménagement, maladies, décès d'un proche, perte d'emploi, problèmes des enfants, ménopause, retraite) qui heurtent de façon plus radicale la qualité relationnelle du couple. On constate que le degré d'insatisfaction que l'on peut avoir dans sa vie de couple est directement proportionnel à la quantité de stress subie par les membres du couple. Le stress est à l'origine d'un repli sur soi, d'un renforcement de l'égocentrisme et d'un manque de disponibilité à l'autre. Cela occasionne, au sein du couple, une diminution du temps passé en commun et des échanges positifs. L'irritation, l'impatience, la rigidité croissent, tandis que la sollicitude, l'empathie, l'attitude compréhensive, l'écoute et l'attention à l'autre diminuent dans les échanges.

Pour un même niveau de stress, les compétences personnelles à savoir y faire face comptent autant que la coordination et la synergie des aptitudes de chacun à créer une compétence de couple. La gestion commune du stress implique que les partenaires soient aptes à se soutenir l'un l'autre dans les difficultés, à se décharger mutuellement, à se passer des relais et à porter de concert des difficultés communes. La solidarité, l'encouragement, la confiance, la tendresse sont les chevilles ouvrières pour échafauder des programmes d'actions communes, susceptibles de mieux se protéger des facteurs de stress. S'ils font défaut, l'aide des thérapeutes de couples, qui peut s'avérer très efficace pour prévenir l'irréparable, restera limitée.

Le rôle des enfants dans la séparation

Je vais insister sur la place des enfants parmi les facteurs jouant un rôle dans la séparation. Sont-ils un facteur favorisant ou, au contraire, renforcent-ils le lien conjugal ? Cette question est cruciale pour les principaux intéressés. On verra que plus l'enfant est jeune et plus il se croit le centre du monde, pensant être à l'origine des événements le concernant. Il voit midi à sa porte et, qu'il se sente coupable ou qu'il en tire une certaine satisfaction, il considère souvent être en partie responsable de la séparation. Il est indispensable et communément admis de lui dire qu'il n'est pour rien dans la séparation, mais ils ne nous croient pas toujours, et ils n'ont pas toujours tort...

□ Quand la femme devient mère

L'arrivée d'un enfant est toujours un événement majeur dans la relation de couple. Cela modifie en profondeur l'équilibre relationnel, les interactions dans le couple, et redéfinit le rôle de chacun. Bien sûr, des questions matérielles sont soulevées et toute une nouvelle organisation doit se mettre en place. Répondre aux besoins de l'enfant (sommeil, alimentation, présence, santé) occasionne du stress. Centré sur l'enfant, chacun est moins disponible pour l'autre.

Justin est le père d'un enfant nommé Maxime. Il vient me consulter, car il envisage de se séparer. Il se souvient que, quand son fils est né, sa femme s'est montrée moins présente auprès de lui, moins à son écoute, moins attentionnée et semblant exiger beaucoup plus de lui. De son côté, sa

femme se plaignait que Justin ne prenait pas assez ses responsabilités, qu'il se conduisait comme un enfant, allant
voir ses copains de billard quand elle devait rester avec le
bébé, rentrant tard le soir et se montrant, au retour, irritable
quand elle lui faisait des reproches. À ces éléments visibles,
potentiellement perturbateurs de la relation de couple,
s'ajoutent des mouvements psychologiques et affectifs internes qui se produisent quand on devient parent. Ces mouvements sont à l'origine de changements émotionnels et
d'attitudes nouvelles. Il n'est pas anodin de voir sa femme
devenir une mère, ni de vivre nouvellement avec un père.
Les relations qu'on a eues avec son propre père et sa propre
mère viennent alors influencer davantage nos relations de
couple.

Un enfant vient combler beaucoup de nos attentes et en
crée de nouvelles. C'est tout un remaniement qui s'opère et
nos attentes vis-à-vis du ou de la partenaire changent soudainement. Déborah et Simon étaient un couple uni depuis
trois ans quand leur fille est née. Mais leur relation n'a pas
tardé à se troubler. Déborah n'avait plus de plaisir en compagnie de Simon. Elle n'avait plus aucune envie de lui. Elle
ne se montrait guère agressive envers lui, simplement, elle
ne le désirait plus, ne s'intéressait plus du tout à lui, ne
tournant son regard que vers son enfant. Déborah s'est sen-
tie comblée avec l'arrivée de sa fille. Elle retrouvait la sym-
biose qu'elle avait connue jadis avec sa grand-mère qui
l'avait élevée seule. En effet, ses parents, commerçants, tra-
vaillaient trop dur pour pouvoir l'élever convenablement. Ils
la confiaient donc la semaine à la grand-mère maternelle,
veuve, qui vivait à la campagne, et ils la retrouvaient le
week-end ; et cela pendant sept années. Cette histoire prit
fin avec le décès de cette grand-mère qui restera pour Déborah sa seule maman de cœur. Avec sa fille, Déborah retrouve
enfin le même type de lien d'amour, un lien à la vie à la

mort, symbolisant les plus belles années de sa vie. Quand Déborah, à l'âge de 7 ans, revint vivre chez ses parents, des étrangers pour elle, elle traversa une longue période dépressive marquée par des difficultés scolaires, mal décelées à l'époque. Avec la naissance de sa fille, Déborah est replongée en arrière, lestée par le poids de son chagrin d'enfant. Elle est devenue, à son insu, prisonnière de son passé. Elle ne voit pas que son compagnon s'éloigne d'elle par dépit et va se consoler dans les bras d'une autre.

□ Quand l'homme devient père

On peut observer d'autres réactions, nourries par un passé toujours vivace. Ainsi, l'analyse de la situation chez Justin, cité plus haut, a montré qu'il revivait, avec la naissance de son fils Maxime, la naissance de son frère cadet. Fils aîné de ses parents pendant quatre ans, il a très mal supporté l'arrivée d'un petit frère, ne comprenant pas que ses parents le délaissent pour un bébé beaucoup moins compétent que lui (ne sachant ni parler, ni marcher !). Il s'est alors mis à régresser en refaisant pipi au lit et en parlant mal. Avec le temps, il n'a jamais vraiment « digéré » cette naissance et ses relations avec son frère ne se sont améliorées qu'une fois chacun établi en couple. En fait, tout s'est passé comme s'il avait fait son Œdipe autour de son frère. En effet, pendant quatre ans, il a vécu dans l'illusion que sa mère, qui ne travaillait pas, était tout à lui et qu'il était tout pour sa mère. Il n'avait pas intégré d'emblée la relation unissant ses parents, sans doute aussi en raison d'une relation conjugale de médiocre qualité. Quand son frère cadet est né, sa mère a déplacé une grande part de son intérêt et de son amour sur ce dernier. Justin a donc renoncé au fantasme œdipien d'être tout pour sa mère, et tant mieux pour lui, mais a pris son frère comme rival œdipien, et non pas son père.

Un père est normalement compétent pour absorber cette rivalité, car il propose protection et éducation en échange. Le « *deal* » n'est pas le même avec un petit frère et Justin n'a pu se départir de sa rivalité fraternelle. À la naissance de son fils, il a revécu ce conflit affectif avec sa femme dans le rôle de sa mère et son fils Maxime dans celui de son frère (d'ailleurs, le frère de Justin est le parrain de cet enfant...). Comme après la naissance de son frère, Justin s'est senti abandonné et s'est mis à régresser en reprenant une vie de joyeux luron auprès de ses copains. Une thérapie brève, suivie d'un accompagnement thérapeutique du couple, a permis de défaire les nœuds et de retricoter les liens du couple, d'autant plus aisément que l'amour entre eux était resté intact.

□ La naissance, facteur de stabilité ?

La naissance d'un enfant non prévue, notamment au sein d'un jeune couple qui décide de s'unir sous cette pression, est un facteur de risque important de séparation ultérieure, risque confirmé par de nombreuses études. En effet, le couple n'a pas eu le temps de se construire dans une identité propre, passant rapidement à une union à trois, alors que les jeunes partenaires n'ont pas eux-mêmes achevé l'élaboration de leur identité personnelle. À cela s'ajoutent les difficultés matérielles et financières des jeunes ménages qui n'ont pas eu le temps de se préparer à fonder un foyer.

L'absence d'enfant, ou un enfant unique, n'est pas non plus sans danger pour un couple. D'ailleurs, il n'est pas rare que le motif de rupture repose sur le nombre d'enfants souhaité. L'investissement du père dans l'éducation des enfants est un autre argument important pour la satisfaction de la femme dans sa vie de couple. Certes, la présence d'enfant entraîne globalement une baisse du degré de satisfaction dans la relation de couple (à ne pas confondre avec la satisfaction de sa vie familiale). Cependant, elle est un facteur de stabilisation d'un couple. En effet, une union sans enfant serait deux à trois fois plus fragile qu'une union avec un jeune enfant. Je précise un jeune enfant car, au-delà de 6 ans, ce facteur de stabilisation du couple disparaît et un couple de six ans d'âge aurait autant de risques de se séparer qu'il ait ou non un enfant. Ma grand-mère prétendait qu'un couple qui n'a que des filles est plus fragile. Les études lui donneraient raison, puisque l'absence d'enfant mâle serait statistiquement liée à un risque plus élevé de divorce ; la raison en est, sans doute, que l'investissement paternel (facteur de stabilisation du couple) serait généralement plus important quand il y a au moins un garçon.

□ **Les coups de boutoir du jeune enfant**

Les jeunes enfants aiment être entourés et sont aux anges d'avoir deux parents autour d'eux, mais ils ont aussi soif d'exclusivité et supportent parfois difficilement (bien que cela soit nécessaire à leur développement) de devoir partager leur père ou leur mère avec l'autre parent. Fille comme garçon vont manifester leur jalousie et rejeter, par exemple, le papa qui viendra les coucher, en exigeant la présence de maman. Certains parents prennent cela au pied de la lettre et ont du mal à vivre ce qu'ils considèrent comme un jugement de valeur et un rejet profond. Entre 3 et 5 ans, l'enfant ressent vivement la relation conjugale qui unit ses parents et compte bien pouvoir maîtriser cette relation, à défaut de pouvoir remplacer un parent auprès de l'autre. Cette rivalité, qualifiée d'œdipienne, peut prendre des formes très pénibles pour les parents. Les caprices de l'enfant, ses exigences, son attitude peuvent entraîner des conflits dans le couple autour de l'attitude éducative à avoir.

Ainsi, Léa se montre odieuse toute la journée avec sa mère, refusant d'obéir à ses consignes les plus élémentaires, traînant des pieds, chouinant et tirant la langue, la poussant à bout. Mais elle est charmante et obéissante avec son père quand il rentre et qui, n'assistant qu'à certaines scènes, trouve décidément que son épouse est trop sévère avec leur fille et le lui dit. La mère, se sentant déjà fortement dévalorisée dans son rôle d'éducatrice, réagit avec d'autant plus de colère, ce qui valide pour son mari l'agressivité de sa femme. J'observe fréquemment des couples fragilisés par les coups de boutoir des désirs œdipiens des jeunes enfants. Des explications et des conseils sur les attitudes à adopter permettent aux parents de prendre de la hauteur et favorisent un retour à l'harmonie, tuant parfois dans l'œuf des séparations annoncées.

☐ Les tempêtes de l'adolescence

L'adolescence des enfants est aussi, ai-je constaté, une période à haut risque pour les couples. Les adolescents adoptent des comportements tels qu'ils mettent en péril l'équilibre familial. Les tensions et les conflits deviennent plus fréquents, les inquiétudes aussi. Cela vient perturber la sérénité des couples, quel que soit leur degré de satisfaction relationnelle. Des querelles se produisent entre parents autour de l'attitude à adopter vis-à-vis de l'enfant, d'autant que des jeux d'alliance plus ou moins conscients se réalisent entre l'adolescent et un de ses parents.

C'est le cas de Martin, 14 ans, qui s'oppose en permanence à son père, n'ayant de cesse de critiquer son comportement jugé ringard, revendiquant toujours plus de liberté, ne participant en rien à la vie de famille et le dévalorisant systématiquement. Il est très coopératif avec sa mère, prenant sa défense de façon outrancière quand elle se dispute pour

33

des broutilles avec son époux. Des conflits naissent entre les parents, elle lui reprochant de « ne pas faire d'efforts » et d'être « trop dur », quand lui trouve qu'elle lui « passe tout ». C'est l'âge où l'enfant peut chercher à s'immiscer dans la moindre faille relationnelle présente dans le couple de ses parents, à l'image d'un enfant de 4-5 ans. En effet, se rejouent en lui, à son corps défendant, des désirs amoureux œdipiens (c'est-à-dire à l'endroit de ses parents), mais cette fois plus gênants pour tout le monde, car ils surviennent dans un corps mature sexuellement.

L'adolescence des enfants est aussi perturbante pour les parents car elle est le prélude aux adieux. Leur enfant n'est déjà plus le même, il s'est transformé physiquement de façon très rapide et son discours comme ses croyances et son atti-tude vis-à-vis d'eux se sont rapidement modifiés. Jusqu'alors, il grandissait de façon progressive, mais regardait toujours ses parents avec admiration. Dorénavant, c'est l'heure des remises en question. Certains parents, les mères en particu-lier, peuvent ressentir un vécu dépressif face à cette perte. Cette fragilisation d'un des partenaires ou des deux est en soi une menace pour l'équilibre relationnel du couple. La fragilisation est renforcée quand un grand-parent, c'est-à-dire le père ou la mère d'un des parents, est souffrant ou vient de mourir. Car l'adolescence des enfants est alors contempo-raine d'un double sentiment d'abandon chez le parent et d'une reviviscence de ses angoisses de mort.

□ Quand l'enfant se fait homme ou femme

La transformation pubertaire des enfants peut provoquer des émois intenses et difficiles à gérer pour les parents. D'autant plus si l'enfant ressemble à un ascendant investi affectivement par le parent quand il était enfant. Ainsi, Séve-rine retrouve chez son fils de 13 ans les mêmes traits et le

34

même caractère que son frère qu'elle a chéri plus que de raison toute son enfance. Cela ne va pas l'aider à prendre ses distances avec son enfant car, son frère étant décédé, elle aura du mal à revivre un éloignement qu'elle associera à celui (définitif) de son frère.

Christian n'a qu'une fille, Chloé. Quand il rentrait, il aimait enlacer d'un bras sa fille et de l'autre son épouse et dire, en les embrassant, combien il aimait ses « deux petites femmes ». Aujourd'hui âgée de 16 ans, Chloé est le portrait craché de sa mère au même âge. C'est à 16 ans que Christian a connu Chloé. Tout le monde rit quand il se trompe dans les prénoms, appelant sa femme Chloé. Quand Christian décide soudainement de se prendre un studio pour faire le point, personne ne comprend. Ni maîtresses, ni conflits sérieux pour expliquer cela. Il est des ruptures qui surviennent dans les couples quand un enfant devient grand, et qui peuvent se comprendre comme un éloignement de la cellule familiale, devenu nécessaire du fait de la montée d'une menace de nature incestueuse. Se produit aussi chez les parents d'adolescents le réveil de leur propre adolescence. Les questionnements existentiels de cette période, les angoisses et les moments dépressifs remontent à la surface. Les renoncements rendus à l'époque nécessaires pour entrer dans la vie adulte, les idéaux enfouis sous les contraintes du réel se réveillent de concert.

L'adulte prend conscience brusquement, à l'aune des transformations pubertaires de son enfant, de la brièveté du temps. Il porte un nouveau regard sur son existence. Il revisite ses espoirs et ses rêves de jeunesse. C'est l'heure du premier bilan. Il va alors, bien souvent, décider de réorganiser sa vie en fonction du temps qui lui reste et non pas en fonction du temps écoulé, car il est dans l'illusion d'un nouveau départ possible. C'est la crise du milieu de vie, vers 40-45 ans, qui est concomitante avec l'arrivée en adolescence des enfants. Si le couple est fragile, il risque de se briser aisément à l'occasion de ces glissements de terrain affectifs. La puissance juvénile des adolescents dans la force de leur désir, de leur beauté, de leur sexualité vient bousculer et réveiller les désirs enfouis des parents. On observe alors des réactions de repli sur soi avec crise identitaire, des doutes et de la mésestime de soi, alliés au sentiment d'être vieillissant.

David, 45 ans, est marié depuis vingt ans et a trois enfants, dont un fils de 18 ans qui, depuis peu, a une petite amie régulière. Issu d'une famille juive traditionaliste, David avait transgressé les attentes de sa famille en épousant, dès sa majorité, une femme de religion catholique. Le couple uni faisait l'admiration de son entourage. Sans raison apparente, un mal-être s'est mis à envahir David. Et il a fini par quitter sa femme pour aller vivre avec une amie du couple, une femme de religion juive, avec laquelle il a eu très vite un bébé. Il n'a jamais évoqué de coup de foudre ni de désamour vis-à-vis de sa femme. Il dit : « Je ne comprends pas ce qui m'est arrivé », reprochant à sa femme de lui avoir demandé de choisir entre elles deux. Il avait atteint l'âge que ses parents avaient quand il s'était émancipé d'eux en s'unissant à la future mère de ses enfants. L'aîné de ses fils a l'âge que lui avait alors. Se sentant vieillir, se sentant dépassé par son fils, par cette nouvelle union il s'est symboliquement réconcilié avec ses parents en s'identifiant à eux, tout en retournant dans une filiation rassurante et protectrice comme l'enfance.

D'autres réactions, évocatrices du fameux démon de midi, conduisent le parent à s'occuper de son corps et, dans une identification aux adolescents, à être en quête d'aventures amoureuses. Ainsi, Olivier, 43 ans, après une vie de couple « sans histoires » depuis quinze ans (l'âge de son fils Nicolas) vient soudainement de quitter sa compagne pour une femme d'une vingtaine d'années. C'est vrai, chez l'homme comme chez la femme. La ménopause peut être vécue comme une altération de la féminité, mais aussi comme une forme de libération, une « levée des règles » qui régiraient la conduite d'une femme mariée, entraînant un réveil des envies de toutes sortes et, notamment, de rencontres affectives, en bref, d'une nouvelle vie.

□ Quand l'amour s'est émoussé

La séparation des couples répond à l'érosion de l'amour, mais la perte d'amour n'est pas, loin s'en faut, la véritable raison des ruptures. Les séparations ont leurs causes objectives et d'autres qui le sont moins. Elles ont, comme les unions, leurs mystères. Mais certaines, celles qui ne sont pas profondément souhaitées, peuvent êtres évitées et les difficultés conjugales peuvent se traiter autrement que par la séparation. Dans mon expérience, ce sont les séparations conflictuelles qui sont les plus préjudiciables aux enfants. Elles le sont évidemment plus que les séparations à l'amiable. Mais il existe d'autres façons de négocier la fin d'un amour ou une évolution radicale de cet amour.

Certains couples continuent de vivre ensemble, d'avoir une vie sociale commune, mais ne partagent plus de vie intime. Chacun dort d'ailleurs dans son propre lit. Les enfants s'accommodent bien de cette forme d'organisation familiale où persiste le lien parental, alors que le lien intime a disparu. Les enfants perçoivent plus ou moins consciemment cet état de fait et chacun, selon son niveau de développement psycho-affectif, réagit à sa manière. Ainsi, Tom, 5 ans, essayera d'aller rejoindre sa mère dans son lit, mais père et mère interviendront de concert pour y mettre bonne règle. Dans ce contexte, d'autres vont jusqu'à se désengager d'une relation de fidélité et chacun sera libre d'avoir sa sphère affective et sexuelle privée en dehors du cadre familial. Si l'enfant le devine, c'est le cas notamment à l'adolescence, il lui sera dit que la vie intime de ses parents ne le regarde en rien.

Enfin, il m'est arrivé de recevoir des couples qui ont décidé, dans les faits, de rester un couple au sens classique du terme, mais de ne plus habiter sous le même toit. Ils sont toujours liés affectivement, mais vivent comme des parents séparés, ce que les enfants comprennent assez bien.

La présence d'enfants justifie, au cas où l'intérêt personnel ne serait pas jugé suffisant, que le couple se fasse aider par un conseiller conjugal ou un thérapeute (médecin ou psychologue) pour rendre la communication plus harmonieuse. Chaque partenaire peut reprendre en main à cette occasion les rênes de son destin amoureux, sans être soumis aux vents contraires de son inconscient, des emprises familiales et sociales ou des circonstances extérieures. Et si cela n'empêche pas toujours la séparation, cela peut permettre au moins d'établir les bases d'une séparation dans un climat de dialogue, préalable à une bonne coparentalité future.

2

L'annonce

Les jeunes adultes, que je questionne à propos de la séparation de leurs parents quand ils étaient enfants, citent au
premier rang de leurs souvenirs le moment de l'annonce.
José s'en souvient et me l'écrit :

« J'avais 6 ans, mes parents étaient dans la cuisine. La
porte était fermée. J'espionnais, caché derrière elle. J'en-
tendais ma mère pleurer. Mon père a ouvert brusquement
la porte pour sortir. Son regard surpris de me voir s'illustra
aussitôt d'une parole grave notifiant : "Ta mère et moi
allons divorcer !" Le ton de sa voix portait les traces de la
dispute, et j'ai longtemps cru que cette déclaration était ma
punition pour avoir épié les conversations secrètes de mes
parents. »

Une annonce à deux voix

Il vaut mieux informer les enfants d'une séparation annoncée en dehors d'une période de grande crise. Et c'est ensemble que les deux parents doivent faire part aux enfants de
leur projet.

Emmanuel, 31 ans, se souvient lui aussi : « C'est ma mère qui me l'a annoncé. J'avais 8 ans. J'étais dans le salon, assis à côté de mon petit frère. Nous nous disputions à propos du programme télé. Elle nous a fait venir dans sa chambre. Elle nous a pris chacun par la main et a déclaré d'une voix affectée : "J'ai quelque chose d'important à vous dire. Votre père et moi allons divorcer. Il aime une autre dame." Mon frère s'est mis à pleurer. Je n'ai rien dit et suis retourné devant l'écran de télé. J'ai cru alors que je ne reverrais plus jamais mon père, qu'il partirait pour toujours avec cette autre femme. C'était comme s'il avait été enlevé par une sorcière sortie d'un dessin animé que j'avais pu voir. C'est d'ailleurs un cauchemar de ce type que j'ai fait ensuite à plusieurs reprises. »

L'annonce doit se faire à deux voix. Les parents doivent s'entendre pour informer en commun les enfants de leur projet de séparation. Ce n'est pas le moment des règlements de comptes. Il peut être préjudiciable de justifier de façon univoque cette séparation et de charger d'emblée de responsabilités l'un des parents, ou celui ou celle qui deviendra peut-être le beau-parent. On préservera l'enfant de ses rancœurs et insatisfactions vis-à-vis du conjoint ou de tout autre membre de la famille considéré comme complice ou adversaire. Les parents auront préalablement préparé cette annonce. Éventuellement, ils seront allés ensemble voir un pédopsychiatre, un psychologue ou un conseiller en centre de médiation familiale pour y voir plus clair dans leur formulation commune, sans être parasités par leurs griefs respectifs. Il s'agit, dans ce moment de l'annonce, d'oublier qu'on est mari et femme et de parler uniquement en tant que parents. On préférera en parler le week-end, en début d'après-midi ou lors d'un moment calme. On parlera paisiblement, avec douceur et tendresse, assis près de l'enfant, en posant sa main sur lui sans l'enserrer. Il pourra être dit :

« Nous, ton père et ta mère, avons des choses importantes à te dire. Nous avons besoin, pour le moment, de ne plus vivre ensemble pour mieux nous entendre. C'est en tant que mari et femme qu'on ne s'entend plus. C'est pourquoi on ne va plus vivre tous les deux sous le même toit. On va avoir chacun son appartement. Mais on reste tes parents et l'on continuera à s'entendre pour t'élever. Tu auras donc toujours deux parents, mais, dorénavant, tu seras chez toi dans deux maisons et tu auras un parent dans chacune d'elles. » Ignorant les futures modalités de mode de garde, on attendra avant de dire à l'enfant le rythme des temps qu'il passera avec l'un ou l'autre parent. S'il questionne à ce sujet, on lui répondra qu'on fera quelque chose de provisoire avant de prendre une décision plus durable, tous ensemble, avec l'aide du juge.

On évitera d'être trop expéditif dans l'annonce. En croyant que faire bref fera moins mal, que l'on abrégera la souffrance comme avec une piqûre, on fait fausse route. Il faut du temps pour avaler des choses d'importance, et l'on digère mieux ce qui est préalablement bien mâché. La trop grande rapidité dans l'annonce sera interprétée comme de la négligence ou de l'irrespect par l'enfant.

Si on a plusieurs enfants, on doit les prévenir tous ensemble, mais il est bon, ensuite, que chaque enfant puisse s'entretenir séparément avec les deux parents. S'il en ressent le besoin, chaque enfant devra pouvoir en parler avec ses parents, mais aussi avec des interlocuteurs de son choix, que ce soit sa marraine, son oncle ou un « docteur des soucis », tel que je nomme pédopsychiatre ou psychologue. Bien sûr, il arrive souvent que l'enfant n'accepte pas cet état de fait et use de tous ses modestes moyens pour tenter de vous faire changer de décision et de modifier le cours du destin. Ce sont des protestations, des cris, des pleurs, du dépit, mais cela va parfois plus loin : quand Flora, 10 ans, a reçu la nouvelle, elle s'est précipitée dans la cuisine et a lancé violemment au sol assiettes, couverts et divers ustensiles. William, 12 ans, s'est mis à frapper ses parents. Paul-Henri, 13 ans, a menacé de se jeter par la fenêtre si son père quittait la maison. Il faut alors réconforter l'enfant, mais il ne faut pas lui laisser croire qu'il peut infléchir une décision que vous avez mûrement réfléchie. S'il imagine qu'il a le pouvoir de vous faire changer d'avis, cela signifierait qu'il aurait un rôle à jouer, une responsabilité dans ce qui vous unit ou vous désunit. S'il pense pouvoir vous faire renoncer au divorce et que le divorce se produit néanmoins, il pourrait imaginer qu'il n'a pas été assez performant et qu'il est donc coupable dudit divorce.

□ L'amour parental est inoxydable

Rassurer l'enfant doit être le maître mot. Le rassurer en particulier sur la permanence du lien parental. En effet, l'enfant établit souvent un parallèle entre la relation unissant le couple de ses parents et celle qu'il a personnellement avec chacun d'eux. Si ses parents sont capables, avec le temps, de ne plus s'aimer et de se séparer, pourquoi n'en serait-il pas de même entre eux et lui ? Il convient d'apprendre à l'enfant, si cela n'a pas été fait auparavant, qu'il ne s'agit pas du même type d'amour. Et que l'amour maternel et paternel n'est pas plus ou moins fort que l'amour entre deux amoureux (il ne faut pas le faire désespérer de l'amour conjugal...), mais, simplement, qu'il résiste toujours au temps, car il est fait d'une autre « matière » : il est inoxydable. « Nous t'aimerons chacun toujours autant ! » doit lui être dit et répété. Il faut le rassurer également sur le lien parental en lui expliquant que ses parents maintiendront le contact entre eux pour tout ce qui le concerne, bien que l'on sache que, malheureusement, cela n'est pas toujours aisé. Même si ses parents vivent à distance l'un de l'autre, l'enfant doit se sentir soutenu par un filet parental de soutien.

□ L'enfant est toujours le fruit de l'amour

Quand je reçois un enfant de parents séparés et que j'invite le parent qui l'accompagne à parler de l'autre parent, il n'est question que de la séparation et des motifs de cette séparation. L'autre est alors décrit avec des défauts présentés comme étant à l'origine de la rupture. Et l'enfant ne retient plus que cela. Tout se passe comme si, pour lui, la relation entre ses parents n'avait été qu'un immense champ de bataille. C'est la raison pour laquelle je demande toujours aux parents qu'ils disent, devant les enfants, ce qui leur a plu en l'autre, ce qui a fait qu'ils ont été attirés l'un vers l'autre et qu'ils se sont unis jusqu'à mettre au monde un ou plusieurs enfants. C'est souvent difficile pour les parents de faire ce chemin à l'envers, parce que le temps a effacé les traces, que le divorce a souvent été conflictuel et qu'on croit se remettre plus vite d'une séparation en niant les désirs et le bien-être passés. Mais, quand les adultes y parviennent, quand le père dit qu'il a aimé sa femme pour son intelligence, son dynamisme et sa force de caractère, quand la mère dit qu'elle trouvait cet homme beau et drôle, alors tous les enfants que je reçois se redressent sur leur fauteuil et la joie éclaire leur regard.

Quand on annonce à l'enfant qu'on va se séparer, il faut lui dire que, même s'ils ne s'aiment plus de la même façon qu'avant, ses parents se sont aimés, qu'il est le fruit de cet amour et que, tant qu'il vivra, il sera la preuve que cet amour a existé ; aussi doit-il prendre soin de lui-même pour protéger cet amour. Malheureusement, j'ai reçu des enfants en consultation dont les parents n'arrivaient pas à retrouver en eux des souvenirs d'amour l'un pour l'autre. « Je ne l'ai jamais aimé, me confie Rébecca. Je me suis marié avec lui pour partir de chez mes parents, c'est le premier qui s'est déclaré, mais très vite il m'est sorti par les yeux. » Je dis alors à l'enfant que, s'il a choisi ces parents pour naître, c'est qu'il a dû trouver un peu d'amour entre eux, à leur insu peut-être, même s'ils ne veulent pas le reconnaître. L'idée qu'il n'y ait eu aucune affection dans le terreau de ses origines est intolérable pour un enfant, et c'est préjudiciable pour l'estime qu'il aura de lui-même. Dans les situations les plus dramatiques, quand existe une véritable haine entre les parents, j'évoque auprès de l'enfant meurtri les liens d'amour qui unissaient ses grands-parents et dont il est aussi, de façon indirecte, le fruit.

Ce n'est pas de sa faute !

À l'occasion de l'annonce, même si, comme tout ce qui précède, cela devra être répété, il faut déculpabiliser l'enfant. Tous les enfants que j'ai reçus se croyaient, ne serait-ce que très partiellement, responsables de la séparation. C'est vrai dès le plus jeune âge, c'est-à-dire à partir de 3 ans, l'âge où le sentiment de culpabilité prend bien forme. L'enfant imagine que c'est parce qu'il n'a pas été assez sage ou pas suffisamment satisfaisant pour maintenir le lien entre ses parents. C'est surtout autour de 5-6 ans et de 12-13 ans qu'il peut se sentir le plus coupable. 5-6 ans, cela correspond à la période œdipienne durant laquelle il se questionne beaucoup à propos des différentes sortes d'amours et, notamment, du lien unissant ses parents, rêvant d'un lien similaire avec l'un d'entre eux. La mère de Rodolphe, 6 ans, a quitté son mari et a déménagé seule avec son fils. Rodolphe s'est alors imaginé que, si sa mère avait quitté son père, c'était pour lui-même. Il s'est senti coupable vis-à-vis de son papa, son rival adoré, d'avoir gagné un combat qu'il avait tout intérêt à perdre. À 12-13 ans, lors de la puberté, des conflits inconscients de même nature occupent l'esprit et les sentiments des garçons et des filles. Cette réactualisation des conflits œdipiens s'accompagne d'une forte culpabilité quand elle coïncide avec une rupture entre les parents. Il faut dire à l'enfant que, malgré tout ce qu'il peut croire ou espérer, tout ce qu'il a pu faire, tout ce qu'il a pu dire, il n'est pas responsable de la séparation. C'est alors qu'il demandera quelles en sont les raisons. On n'entrera pas dans les détails de l'intimité de couple des parents. Dans un premier temps, en tout cas tant que l'enfant est jeune, on lui parlera de généralités sur l'amour qui ne dure pas toujours entre deux adultes. L'image mythologique d'Éros, qui fait de l'amour une entité indépendante qui unit ou désunit à sa guise les êtres, est parlante pour les enfants. Ce n'est pas volontairement que l'on aime ou n'aime plus, c'est l'amour qui décide de rester ou de reprendre ses flèches et de s'envoler. Il n'y a pas plus de raison de ne plus s'aimer qu'il n'y en avait de s'aimer follement.

Bien sûr, il s'agit ici de généralités à confier aux enfants pour les aider à déculpabiliser et à protéger les images parentales ; le débat n'est pas ici de justifier une séparation parentale par le dés-amour. Pour certains, cela va de soi, pour d'autres, l'amour entre parents est le fruit d'une volonté, voire d'un combat de chaque instant. L'enfant ne doit pas se sentir coupable de la désunion de ses parents et, pourtant, on sait que l'arrivée d'un enfant vient modifier la personnalité de chacun des adultes nouvellement parents, ainsi que la dynamique du couple. La présence d'enfants n'est évidemment pas neutre dans les liens d'attachement entre parents, mais cela va dans les deux sens, en les favorisant ou en les déliant ; et personne ne peut dire le devenir du couple s'il n'a pas d'enfant. Mais quoi qu'il en soit, ce n'est pas l'heure d'impliquer les enfants dans la relation du couple, il s'agit au contraire, à ce moment-là, de préserver leur équilibre. On dira et l'on répétera à l'enfant que, quel que soit l'avenir de leur couple, ses parents ne regrettent pas sa naissance. Enfin, il faut savoir aussi que cette annonce, que tous les enfants pouvaient pressentir tant les conflits y conduisaient, est aussi parfois un soulagement, car elle peut être l'amorce d'un meilleur confort de vie affective. On peut d'ailleurs dire à l'enfant qu'il a le droit de se sentir soulagé au cas où il culpabiliserait d'être délivré d'un espoir dont il se sentait coupable.

Pas de précipitation !

Il ne faut pas dire aux enfants qu'on divorce tant qu'il n'y a pas eu de séparation de corps effective envisagée, surtout si les enfants sont jeunes. Pour les petits, en effet, le divorce implique que les deux parents ne soient plus sous le même toit. Il est inutile de parler de séparation aux enfants alors qu'il n'est pas prévu (pour des raisons matérielles, par exemple) de vivre séparément avant plusieurs mois. L'information relative aux conflits des parents, qui sera donnée aux enfants, ne doit contenir que ce qui concerne leur quotidien propre. Si les deux parents ne dorment plus dans le même lit, mais continuent de vivre ensemble et de s'occuper des enfants comme avant, on attendra avant d'évoquer un divorce éventuel. Si les enfants sont témoins de disputes, on peut leur dire qu'il existe des tensions entre mari et femme, mais que cela n'implique pas obligatoirement des tensions entre parents.

Malheureusement, l'impulsivité des comportements fait souvent fi des intérêts de l'enfant et précipite les choses. Et des séparations provisoires, « pour faire le point », peuvent débuter comme des séparations définitives.

Ilan ne peut plus rester chez lui. Il trompe depuis peu son épouse et en conclut qu'il n'aime plus sa femme. Il lui dit brutalement qu'il compte quitter le foyer au plus tôt pour aller vivre dans un studio, près de la société où il travaille. Il veut que sa femme dise aux enfants que leur père va partir en déplacement pour son travail. Elle refuse : qu'il assume ses actes devant ses enfants, pense-t-elle !

Quand la séparation est proche, on doit en informer les enfants. Dans le cas d'Ilan, la mère des enfants n'est pas préparée à cette séparation, elle la refuse. Pourtant, dans les faits, le déménagement du père va avoir lieu, il convient donc d'aviser les enfants. Et cela sans avoir recours au mensonge. Toujours dans le cas d'Ilan, les enfants ne comprendraient pas le chagrin de leur mère si leur père était, effectivement, uniquement parti en voyage d'affaires. Les enfants perçoivent l'incompatibilité entre le discours et les réactions de leurs parents. Ils sentent quand leurs parents mentent, comme les parents sentent le mensonge de leurs enfants ; à vivre ensemble si intimement, on décode les cœurs aisément. Et dans ce type de situations, les mensonges décelés aggravent les angoisses des enfants qui imaginent le pire.

Mais ne pas mentir ne signifie pas tout dire aux enfants. Il faut au maximum les protéger de l'intimité affective ou érotique des parents. Cependant, il est nécessaire de les aviser des conséquences sur leur quotidien de ces mouvements intimes. Les parents annoncent ensemble qu'ils vont se séparer, puis chacun des parents parle en son nom, en tant que parent, pas en tant que mari ou femme. Si Ilan persiste dans sa volonté de quitter le foyer, il pourrait dire : « J'ai besoin de prendre un appartement pour moi. C'est pour des raisons très personnelles. Moi-même, je ne les connais pas bien. Vous n'êtes en rien responsables de cela. Mais j'ai besoin de vivre seul pour un temps. Je viendrai parfois à la maison après avoir prévenu votre mère. Mais je reste votre père. Vous pourrez venir chez moi dans la journée, mais vous dormirez toujours dans votre chambre, car je vais habiter dans un studio. Vous pourrez me téléphoner quand vous le voudrez et votre mère, si elle le veut bien, pourra me tenir au courant de ce qui se passe en mon absence. » Bien sûr, il prendra soin de ne pas s'afficher devant les enfants avec sa maîtresse, afin de ne pas mettre ces derniers en porte à faux et que leur mère ne se sente pas humiliée. Son épouse pourrait dire à son tour à ses enfants : « Votre père m'a appris sa décision. Je ne comprends pas bien pourquoi et j'en suis très triste. Mais c'est son choix d'adulte. J'espère que vous allez continuer de bien grandir comme avant et de respecter vos parents. Dès qu'on y verra plus clair tous les deux sur notre relation de mari et femme, vous serez les premiers informés. » Il est ici trop tôt pour parler de divorce, mais la séparation de corps ayant une incidence majeure sur le quotidien des enfants, il faut leur dire qu'elle va peut-être durer un long moment et vous pouvez reconnaître que vous ne savez pas précisément combien de temps. La femme d'Ilan peut penser pis que pendre de son mari, se sentir injustement abandonnée, meurtrie, avilie, elle épargnera toutefois ses enfants. Elle évitera des formules telles que : « Votre père nous laisse tout seuls ! », et elle n'utilisera pas ses enfants comme confidents de sa souffrance. Après plusieurs mois, Ilan est revenu et sa femme a accepté de rester en couple avec lui. Cela a été l'occasion d'apprendre aux enfants qu'un couple, c'est quelque chose de vivant, qui évolue et qui peut connaître des périodes de crise.

Garder le cap, malgré l'orage

Être capable de rester posé vis-à-vis des enfants à l'occasion de l'annonce implique une grande maîtrise de soi. En effet, c'est habituellement en période de grande crise que l'on envisage la séparation. C'est la deuxième cause la plus importante de stress (la première étant la mort du conjoint). Se mêlent des émotions diverses, comme la colère à l'encontre de l'autre, la culpabilité de n'avoir pas pu maintenir le lien d'amour initial et la peur face à un avenir incertain. C'est pourquoi il arrive souvent que l'on dérape devant les enfants, mettant en cause violemment leur père ou leur mère. Si cela arrive, il ne faut pas hésiter à reprendre cela avec eux en les prévenant qu'en période de crise, nos paroles dépassent nos pensées. En cas de tensions trop intenses, je recommande de placer les enfants quelque temps à l'abri des conflits, par exemple chez des grands-parents bienveillants vis-à-vis des deux parents. En règle générale, comme chez Ilan, il y a au début un parent qui prend la décision et l'autre qui ne le souhaite pas, ce qui détermine la crise. Les cas où, d'un commun accord, sans crise, les parents envisagent de ne plus vivre sous le même toit sont plus rares et sont aussi, bien sûr, les situations les moins pénibles pour les enfants. Cependant, elles ne sont pas toujours sans douleur.

Parler vrai, mais pas forcément tout dire

Dans l'annonce faite aux enfants, on n'hésite donc pas à dire que c'est un des deux parents qui a fait le choix de partir. Cette vérité, ils la ressentent dans les regards, le ton de la voix, dans tout ce qui est de la communication non verbale. Il n'est pas interdit d'être ému lors de l'annonce, car il faut que le cœur et la tête soient en harmonie. Si les enfants pleurent, c'est normal, c'est l'inverse qui ne le serait pas. On les prévient quelques semaines avant le déménagement de l'un ou l'autre parent. Pas plus tôt, car cela peut entraîner une certaine confusion dans les esprits des plus jeunes et entretenir une angoisse de prévoyance jusqu'au moment venu. On n'envahira pas l'enfant de nos atermoiements, de nos hésitations, de nos doutes ou de nos inquiétudes, et, évidemment, on s'interdira de lui demander son avis sur nos intentions. Ce serait lui faire porter en partie la responsabilité du divorce et l'impliquerait de façon malsaine dans l'intimité du couple parental. Lors de l'annonce, on rappellera bien sûr à l'enfant notre amour de parent qui, lui, ne cesse jamais, car il est marqué du sceau de l'éternité.

Qu'il pleure ou qu'il reste coi, il est rare que l'enfant, surtout s'il a plus de 6 ans, n'ait pas eu de doutes quant à une séparation éventuelle. À l'inverse, je reçois beaucoup d'enfants angoissés à l'idée d'un divorce, alors que les parents ne l'envisagent pas un instant, mais qu'ils se disputent occasionnellement. La fréquence des divorces fait que, de nos jours, l'enfant, dès l'âge primaire, sait qu'il s'agit là d'une possibilité pour un couple de parents. Quand bien même il n'y aurait pas eu de dispute devant lui, il aura perçu les tensions entre ses parents ou, du moins, le détachement progressif. Mais, malgré ces pressentiments, l'annonce d'une séparation reste un moment éprouvant, dont, en règle générale, l'enfant devenu adulte se souviendra encore comme d'une étape fondamentale de son existence.

Une fois l'annonce faite à l'enfant, votre tâche, chers parents, n'est pas finie pour autant. Il va falloir dorénavant gérer l'après...

3

Quel mode de garde ?

Le choix du mode de garde est un sujet délicat. Il fait entrer en débat les désirs des parents et d'importantes conditions d'organisation matérielle. Il n'y a pas de solution toute faite. La meilleure solution étant celle, souvent utopique, que les parents, bien que vivant séparément, continuent de fonctionner à deux dans l'éducation des enfants, en se complétant et en se soutenant. Les enfants pourraient, dans ce cadre idéal, circuler d'un lieu de vie à un autre selon leurs envies, leurs besoins et les possibilités matérielles (en cas de distance importante), en prenant appui sur l'organisation du temps définie par les parents. Dans certains États des États-Unis, comme la Californie, les enfants résident en permanence dans le même lieu et ce sont les parents qui viennent alternativement résider avec eux. Cela impose une résidence pour l'enfant et une autre résidence pour chacun des parents. Cette façon de faire, difficile à mettre en pratique, est certainement la moins préjudiciable pour l'enfant, car elle permet d'éviter les ruptures hebdomadaires dans les lieux de vie. Elle ne convient pas toujours au bien-être des parents.

Le choix du mode de garde

☐ La garde majoritaire

Jusqu'à nos jours, il n'y avait guère d'autre choix que la garde majoritaire confiée ou accordée à la mère. C'est la formule de garde la plus courante après une séparation. On estime qu'après une séparation, quatre enfants sur cinq sont confiés à la mère, que cela soit en famille monoparentale ou en famille recomposée. Le père reçoit ses enfants habituellement un week-end sur deux et la moitié des vacances scolaires. Pour les pères obtenant la possibilité de voir leur enfant plus fréquemment, ils peuvent les recevoir le mercredi. Force est de constater que, dans ce contexte, les relations entre le père et les enfants s'émoussent souvent. Avec le temps, à l'occasion d'un déménagement, d'un changement professionnel, de l'adolescence des enfants ou de recomposition familiale du côté du père, les enfants voient de moins en moins régulièrement leur père. Ce mode de garde, pourtant majoritairement choisi, aboutit dans les faits à amputer l'enfant des liens avec la figure paternelle. La garde exclusive accordée au père est un mode de garde très rarement appliqué. Quand c'est le cas, c'est généralement parce que la mère, pour des raisons matérielles, de santé ou autres, n'est pas en mesure d'assurer cette garde. À noter qu'une des caractéristiques des familles monoparentales dirigées par une mère est la baisse des ressources financières.

La parité, le travail des femmes à l'extérieur de la maison, l'investissement plus diversifié des pères dans l'éducation des enfants et une définition moins rigide que par le passé des rôles paternel et maternel ont contribué, au sein d'une évolution d'ensemble de la société, à la mise en place de la garde alternée. Ce mode de garde est encore largement minoritaire, mais gagne les esprits et devrait connaître une grande extension, comme c'est déjà le cas aux États-Unis.

□ **La garde alternée**

La garde alternée, ou garde partagée, permet à l'enfant de maintenir une relation positive, au moins quantitativement, avec les deux parents. Elle améliore souvent les relations entre l'enfant et un des parents (le père en règle générale) qui se reposait auparavant sur l'autre pour l'éducation des enfants. Elle assure à l'enfant une meilleure conservation des apports affectifs et matériels. Les parents se répartissant de façon plus équitable le poids des fonctions parentales, cela autorise un investissement continu des deux parents. Elle n'est pas systématiquement distribuée sur le mode 50/50. On peut parler de garde partagée à partir de 30 % du temps total de garde de l'enfant, soit au moins deux jours par semaine. Un certain niveau de communication est nécessaire pour que ce type de garde soit vraiment performant. Mais ce ne doit pas être une condition *sine qua non*. En effet, un enfant dont les parents ne communiquent pas, ou continuent de s'opposer, a d'autant plus besoin de rester en contact avec chacun de ses parents puisqu'ils sont eux-mêmes incapables d'établir le lien. La garde alternée impose des déplacements réguliers entre les deux logements et les parents doivent en tenir compte dans leur domiciliation. Le maintien des relations avec les deux figures parentales assure davantage la continuité dans le développement affectif et psychologique de l'enfant que la conservation d'un seul lieu de vie. Les enfants, dans la quasi-totalité des situations, préfèrent maintenir ce lien entre leurs deux parents, car c'est ce qui leur semble le moins éloigné de ce qu'ils vivaient antérieurement.

□ Un accord parfois difficile à trouver

Il arrive que les parents se mettent d'accord sur un mode de garde. Il s'agit alors de la solution la plus simple. Mais ce n'est pas obligatoirement ce qui semble le plus simple pour les parents qui va dans le sens de l'intérêt de l'enfant. Grégoire a quitté sans animosité Sophie pour se mettre en couple avec une autre femme pour laquelle il a éprouvé un coup de foudre. Il a une fille de 7 ans et un garçon de 11 ans. Grégoire s'est senti très coupable vis-à-vis de Sophie. Celle-ci, toujours amoureuse, est meurtrie par cette séparation. C'est toute sa vision de la vie qui est anéantie. Elle se retrouve seule, au bord d'un gouffre dans lequel seuls ses enfants l'empêchent de tomber. Bien sûr, Grégoire n'hésite pas un instant à lui laisser la garde des deux enfants, guidé en cela par sa culpabilité de l'avoir fait souffrir. Pourtant, le fils aîné, un préadolescent que je suis amené à suivre un an après la séparation pour des difficultés scolaires et un comportement agité, va mal. Il souffre du traumatisme encore proche du divorce, mais aussi du manque de ce père qui n'est pas assez présent pour ce garçon qui abrite en lui un homme en devenir. Il souffre aussi de trop panser les blessures de sa mère par sa présence, aux dépens de son développement personnel. L'intérêt des enfants n'est pas de soigner leurs parents.

En dehors des cas de consentement mutuel, le mode de garde est souvent un motif important de conflits. C'est le juge aux affaires familiales qui doit alors trancher, usant parfois pour cela de l'intervention d'un éducateur, d'une assistante sociale ou d'un psychologue, qui mènent une enquête sociale au domicile des parents et questionnent l'enfant. Chaque parent agit alors en pensant, bien sûr, à l'intérêt de l'enfant, mais ce n'est pas, hélas, l'unique enjeu. Quand Catherine a demandé le divorce, elle était à bout de patience. Son mari ne s'investissait ni dans son rôle d'époux, ni dans son rôle de père. Il se conduisait de façon égocentrique, laissant à son épouse toutes les tâches ingrates du ménage et n'hésitait pas à satisfaire ses envies personnelles et à dépenser au jeu l'argent du ménage. Il pouvait aussi se montrer grossier et menaçant quand elle le contrariait. Le divorce se fit dans des conditions particulièrement conflictuelles. À cette occasion, le père exigea la garde des enfants, qui n'avaient jusqu'à présent guère suscité son intérêt, uniquement dans le dessein de nuire à son épouse (il le lui avoua au cours d'une dispute) et de faire traîner un divorce qu'il ne désirait pas pour des raisons de confort financier. La garde des enfants est aussi, comme on le voit malheureusement, un enjeu de pouvoir, de pression ou de représailles.

Les avantages de la garde alternée

La garde alternée est de plus en plus proposée, mais son choix par les juges reste minoritaire, comme l'est le choix de la garde majoritaire confiée au père. Quand un parent la demande, mais qu'il s'oppose en cela à la volonté de l'autre, le juge décide parfois une résidence alternée à l'essai. La résidence alternée est alors ordonnée provisoirement pour un délai ne dépassant pas six mois. Passé ce délai, le juge prendra une décision définitive. Pour avoir débattu sur le bien-fondé de ce mode de garde dans les médias audiovisuels, j'ai constaté combien sa mise en place s'accompagnait de mouvements passionnels. Tout se passe comme s'il s'agissait d'un débat entre conservateurs et réformateurs,

55

mais aussi et surtout d'une lutte des hommes contre les femmes. D'ailleurs, des associations féministes et leurs alter ego masculins s'opposent sur la question comme s'il s'agissait des droits des parents d'avoir plus ou moins de parts d'enfants. Alors qu'il ne devrait être question que d'éviter aux enfants, victimes du divorce de leurs parents, d'avoir à choisir entre leurs deux parents.

La garde alternée permet à l'enfant d'habiter alternativement avec chacun de ses parents en partageant de façon équilibrée. Une condition essentielle de ce mode de garde est une certaine proximité géographique. Il faut, en effet, que l'enfant puisse être évidemment dans la même école toute l'année et ne pas avoir des temps de transport du domicile à l'école trop déraisonnables. Des parents résidant dans deux régions différentes rendraient, si le déménagement n'est pas envisagé, ce projet difficilement réalisable. Le très jeune âge de l'enfant rend encore plus compliqué un déplacement important d'une résidence à une autre. Le temps de résidence retenu varie de deux jours à deux semaines selon l'âge de l'enfant. Plus l'enfant est jeune, plus il a besoin de voir ses parents de façon rapprochée. Une semaine sur deux est le mode actuellement le plus fréquemment proposé. La garde alternée n'implique pas forcément un temps égal dans chaque résidence. Les paramètres à prendre en compte sont, outre l'âge de l'enfant, ses besoins, ses activités, son école, les disponibilités de chaque parent et leur nouvelle vie familiale en cas de famille recomposée.

□ Une responsabilité réellement conjointe

Elle implique, et elle rend plus évidente, une véritable coparentalité que certains parents cherchent plus ou moins consciemment à fuir, car le lien de coparentalité reste trop emmêlé avec le lien de conjugalité qu'ils veulent rompre. La coparentalité peut d'ailleurs continuer de s'exprimer financièrement, puisque la pension alimentaire ne disparaît pas systématiquement avec la garde alternée en cas de disparité des revenus, afin de conserver des conditions optimales à la prise en charge matérielle des enfants. Il faut savoir que seul un des deux parents pourra percevoir les prestations familiales. La coparentalité s'exprime aussi par la responsabilité conjointe des deux parents en cas de dommage causé par leur enfant. Le mode de garde majoritaire présente un risque d'essouffle-ment, surtout quand le père qui n'a les enfants que le week-end se remet en ménage et a d'autres enfants avec une nouvelle compagne. Les enfants du premier lit peu-vent traîner des pieds pour aller chez leur père et celui-ci se montrer moins insistant pour les voir. Le mode de garde majoritaire ne rend pas vraiment possible la coparentalité, dans le cas où un parent ne voit son enfant que quatre ou cinq jours par mois.

Pratiquement tous les enfants de parents séparés que je reçois me disent qu'ils auraient préféré vivre aussi souvent avec leur père qu'avec leur mère. Cependant, il faut recon-naître qu'il s'agit d'enfants n'ayant pas fait l'expérience de la garde alternée. Les situations où les enfants ne la regret-tent pas, c'est quand un parent n'assume pas ses fonctions parentales ou se montre maltraitant. Et encore ! Il arrive que, malgré les défaillances parentales, l'enfant refuse de faire un choix. Il y a d'autres situations, mais qui ne reflètent pas un désir éclairé de l'enfant. C'est le cas de l'enfant qui, profitant de l'absence de l'autre, se trouve dans un lien œdipien avec un parent ou de celui qui est victime d'alié-nation parentale, c'est-à-dire prisonnier du désir d'un parent qui le ligue contre l'autre. Le danger, quand un juge décide une garde majoritaire, c'est que l'enfant entende cela

57

comme la désignation d'un parent gagnant et d'un parent perdant, et plus encore comme un parent validé et un parent invalidé et comme tel dévalorisé aux yeux de l'enfant. Cela entraîne des difficultés identificatoires secondaires vis-à-vis du père, puisque c'est lui qui, en général, est le « déclassé » dans ces affaires.

□ Une chance de garder « ses deux moitiés »

La garde alternée permet à l'enfant de continuer de bénéficier de l'apport de ces deux pôles de filiation. Cela favorise la cohérence entre les éléments de sa personnalité empruntés par identification à son père et ceux qui le sont à sa mère. Cela permet au père de s'investir véritablement dans l'éducation de son enfant et à l'enfant d'en profiter. Cela permet à la mère d'avoir davantage de temps pour elle et de pouvoir plus aisément mener sa vie de femme et pas seulement de mère. Cela permet aux deux parents, dans l'intérêt de l'enfant, de ne pas renoncer à la coparentalité, malgré la disparition du lien conjugal.

La garde alternée devrait être la proposition de départ, celle qui sert de base de travail. Ne serait-ce que pour que l'enfant entende bien qu'à l'intérieur de lui sa moitié paternelle et sa moitié maternelle sont également respectées. Une fois cela établi, à mesure qu'évoluent les contraintes de conditions d'hébergement, d'adresse des domiciles, d'âge, de mode de vie particulier de l'enfant, de santé, de compétences et bien sûr de desiderata parentaux, il faudrait pouvoir réviser le système et faire d'autres propositions. Quand la résidence alternée n'est pas possible, il faut tenter de mettre autant de souplesse que possible dans les décisions de modalité de résidence. On peut envisager, si les conditions de scolarité le permettent et que l'enfant a plus de 7 ans, une année de garde majoritaire avec un parent, par exemple, et une année avec un autre. Il ne faut pas non plus tarder à soulager un enfant qui est confié en garde alternée à un parent qui rencontre des problèmes de santé (dépression, défaillance alcoolique) en le plaçant en garde majoritaire chez le parent valide.

□ Le cas particulier du tout-petit

La situation des nourrissons, et plus largement des enfants de moins de 3 ans, est particulière, dans la mesure où la maturité psychique de l'enfant rend nécessaire une continuité de présence des figures tutélaires et notamment d'une figure d'attachement. Il n'est pas rare que cette figure continue d'attachement soit la nourrice, qui est l'adulte qui passe le plus de temps de veille avec le nourrisson quand les deux parents travaillent. En cas de séparation parentale, il est important que l'enfant puisse conserver sa nourrice. À ces âges, la résidence alternée est difficile à concilier avec le rythme de l'enfant. Je conseille que celui-ci ait un lieu de résidence fixe où il passera ses nuits. Ce lieu peut être soit chez son père, soit chez sa mère, selon les désirs des parents, leur mode de vie et leur tempérament. Il est en effet des personnes, hommes ou femmes, qui ont plus ou moins de compétences pour assurer une sécurité affective aux enfants les plus jeunes. Selon les possibilités d'organisation (horaires de travail, adresse de domiciliation), le bébé devra pouvoir être confié pour quelques heures, voire pour la journée, à l'autre parent, quand c'est possible pour ce dernier. Une certaine régularité est souhaitable afin que chaque parent puisse s'organiser et que l'enfant puisse se repérer. En pratique, ce sera surtout les jours de week-end, mais d'autres modalités sont possibles. À partir de 3 ans, des alternances de trois ou quatre nuits deviennent possibles.

Quant aux vacances, je déconseille pour les moins de 4 ans des séparations supérieures à une semaine par année d'âge (1 semaine maximum pour un enfant de 1 an, deux semaines pour un enfant de 2 ans, etc.) avec le parent des nuitées.

La garde alternée fait apparaître plus clairement la nécessité de concertation entre les deux parents. Elle montre aussi à l'enfant de façon plus marquée les différences de règles éducatives entre ses parents. Nous verrons, en abordant ce sujet plus loin, que cela peut s'avérer moins négatif qu'on ne le pense pour l'enfant. Mais la garde alternée montre aussi combien les juges doivent avoir les moyens de s'entourer de conseils de professionnels de l'enfance dans le cadre des réflexions préalables à leurs jugements. On m'a rapporté des situations d'enfants de moins de 3 mois confiés en alternance six jours au père et dix jours à la mère ! Des alternances durant un mois ! Ou il est arrivé qu'un magistrat prescrive la date du sevrage d'un enfant confié et allaité par sa mère afin de démarrer une garde alternée. Ces jugements, qui traitent d'êtres humains comme de biens matériels, sont graves de conséquences sur le développement de l'enfant. Dans les modalités de garde, il est une règle suffisamment importante pour servir de conclusion à ce chapitre, c'est son caractère évolutif. Quel que soit le mode de garde, mais on a vu combien cela s'imposait dans les premières années de vie, le jugement devrait être révisable de façon aisée ; et pourquoi pas, que les modalités soient fixées pour un temps limité, afin de s'assurer qu'une révision aura bien lieu.

D'une maison à l'autre

Habitué à être à deux pour élever son ou ses enfants, il va falloir s'adapter à son nouveau rôle de parent « célibataire ». Cela dit, certaines femmes répliqueront qu'elles élevaient déjà seules leur enfant, tant le père mettait peu la main à la pâte. Cependant, même si le père se contentait d'être un père nourricier, il est une difficulté presque toujours présente, c'est la baisse des ressources financières.

☐ Le déménagement

Si vous décidez de déménager, ne serait-ce que pour des raisons économiques, il est utile de faire participer les enfants, s'ils le souhaitent bien sûr. Ils pourront visiter le futur logement avec vous, avant travaux, et suivre partiellement le déroulement de ceux-ci. Ils apprendront ainsi beaucoup, auront le temps de se faire à l'idée de quitter leur ancienne maison et, de surcroît, « digéreront » mieux le nouveau lieu. De même, on les laissera pour la décoration donner une petite touche personnelle, surtout pour leur chambre. On prendra le temps de trier avec eux leurs affaires. Ce sera l'occasion de revisiter avec eux le passé. C'est parfois le moment de jeter les choses usagées ou inutiles, sans insister si l'enfant ne se sent pas prêt. Perdre l'union de ses parents et son lieu de vie, c'est assez déstabilisant, et l'enfant a besoin de s'accrocher à des choses de son passé. Jouets usagés et vieux vêtements trouveront place dans la cave en attendant, un an environ, que l'enfant se sente mieux pour pouvoir vraiment s'en débarrasser. On n'oubliera pas de faire des photos de l'ancien logement. On pensera à envoyer aux copains et aux deux familles la nouvelle adresse de l'enfant. Enfin, on pourra retourner voir l'ancien immeuble, pour montrer qu'il est toujours là, une fois le déménagement fait.

□ Le blues du dimanche soir

Les passages d'une maison à une autre sont des causes fréquentes de malaise pour l'enfant, qui peut durer une journée entière, et donc de stress pour le parent. L'enfant doit s'adapter à chaque aller-retour à un nouvel univers avec des règles nouvelles et des ressentis différents, car plus l'enfant est jeune, plus il est différent selon qu'il est avec son père ou avec sa mère. Une véritable transformation s'opère en lui. C'est surtout vrai chez l'enfant de moins de 8 ans et, pendant ce temps de transition, il ne sait plus très bien qui il est, ni ce qu'il fait. Il est envahi par l'émotion de retrouver son parent et se laisse souvent déborder par elle. Le départ chez l'autre parent est un moment d'agitation où s'entremêlent tristesse, colère et joie.

C'est la tristesse de quitter son parent, son espace de vie, ses habitudes de vie dans ce cadre-là. Mais c'est aussi, plus universellement, la fameuse tristesse du dimanche soir qui marque la fin d'un cycle. La colère se comprend comme une réaction à un changement d'état, un reproche vis-à-vis du parent qui délaisse, mais elle répond aussi au besoin de repousser le parent que l'on va quitter comme pour initier la séparation annoncée. Il s'agit de se déprendre de l'un avant d'être pris par l'autre. Les plus jeunes sont parfois pris de vomissements lors de ces passages, comme s'ils se débarrassaient d'« un moi-maman » ou d'un « moi-papa », pour reprendre l'expression de Françoise Dolto ; pour mieux changer de « moi », car les petits se sentent identitairement différents selon qu'ils sont avec un parent ou avec l'autre. La joie qui se traduit par une excitation physique se comprend, bien sûr, comme le plaisir de retrouver l'autre parent qui a manqué à l'enfant. Au parent de se montrer patient et tolérant face à ces réactions pénibles, de le rassurer aussi en lui montrant sur le calendrier quand il reviendra. On peut lui parler de ce qu'il fera avec son autre parent en termes positifs. On peut aussi, avec les plus jeunes, donner un objet à soi, équivalant à un objet de transfert. Il faut accepter que l'enfant demande d'emporter des jouets ou des affaires avec lui, quitte à ne pas être sûr de les retrouver ensuite, car c'est une façon pour lui de ne pas trop se cliver entre ses deux parents. J'ai le souvenir d'un enfant qui avait particulièrement du mal lors de ces passages. J'ai proposé qu'on lui offre un chat qu'il pourrait emmener avec lui. Les deux parents se sont montrés intelligemment coopérants, et les passages accompagnés de son chat se faisaient depuis sans aucune crise (sauf pour Fang, le chat, qui ne goûtait guère les déplacements).

□ Comment réagir ?

C'est plus souvent le parent gardien qui fait les frais des réactions de l'enfant dans les situations de garde majoritaire. Car il est porteur de la stabilité de l'enfant et, comme tel, considéré par lui comme un interlocuteur plus valide de ses émois aux changements d'état. Dans ce contexte, son agressivité exprime aussi sa colère qu'on l'ait « abandonné » pendant qu'il était chez l'autre parent. Il faut alors faire preuve de patience et de calme, lui dire qu'on a pensé à lui pendant son absence, qu'on est content de le retrouver, mais qu'il a besoin de se calmer dans sa chambre et d'y retrouver ses marques. Ces moments de retrouvailles doivent être consacrés à des activités de détente. On évitera par exemple les devoirs scolaires. Plutôt que de l'assaillir de questions sur ce qu'il a fait chez son père ou sa mère, il vaut mieux lui raconter ce qu'on a fait et ce qui s'est passé en son absence (par exemple que Bébelle, son cochon d'Inde, s'est sauvé de sa cage et s'est caché dans le placard), afin qu'il puisse rétablir une continuité entre son départ et son retour. Aux parents de rendre ce moment le moins pénible possible en s'astreignant à respecter les horaires et à se montrer aimables l'un avec l'autre. L'enfant ressent les tensions de ses parents et cela nourrit la sienne propre, surtout s'il est très jeune. C'est un temps de transmission possible. Il serait dommage d'y renoncer, car cela soulage l'enfant de voir ses parents communiquer entre eux. Beaucoup de parents font de l'école le lieu de passage. Pourquoi pas ! Mais, en ce cas, on se prive d'échanges devant l'enfant et, surtout, il arrive que ce soient les apprentissages du lundi qui fassent les frais du temps de métamorphose de l'enfant.

Nouveau père

De nombreux pères se sont tellement reposés sur leur femme, ou bien leur femme leur a laissé si peu de place auprès de l'enfant, que la séparation les contraint à être – ou, paradoxalement, leur permet d'être – plus présents auprès de leur enfant. Pour certains, c'est la panique, pour d'autres, c'est une véritable découverte chargée de beaucoup de plaisir. Dans les faits, le père, bien qu'ayant son enfant beaucoup moins longtemps que son ex-femme, a autant d'échanges informels avec lui, car il privilégie les activités de loisir ; le fait de l'avoir le week-end et le mercredi n'y est évidemment pas pour rien. La mère, si elle a plus souvent son enfant, consacre davantage de temps aux besoins (scolarité, santé, hygiène, entretien des affaires, déplacements, courses) et à la dimension purement éducative. L'enfant, pour une même activité, réagit différemment en termes d'intensité émotionnelle. La moindre fréquence de la participation paternelle à une activité courante la rend d'emblée plus marquée émotionnellement. Ces différences de réactions sont, à l'inverse, le témoin d'un déséquilibre entre rôle paternel et rôle maternel du fait d'une garde non alternée. Beaucoup d'hommes se sentent disqualifiés comme pères parce qu'ils n'étaient pas de bons maris, notamment s'ils ont quitté leur femme pour une autre. Heureusement que les pères ne doivent pas être des maris parfaits pour avoir le droit d'être père, sinon les pères seraient une espèce rare !

Dans le domaine éducatif, les nouveaux pères célibataires, ou non d'ailleurs, craignent d'appliquer leurs propres principes éducatifs, se soumettant à ce que leur femme, légitimée par sa fonction maternelle bien investie jusqu'à présent, leur demande de faire. Or ils ne devraient pas hésiter à mettre en place leurs propres idées éducatives, même si elles diffèrent de celles de leur ex-épouse. Cela ne signifie pas qu'il faille faire tout le contraire, simplement pour se montrer indépendant ; mais il est conseillé d'y réfléchir par soi-même, en lisant des ouvrages éducatifs ou en prenant des avis dans son entourage ou auprès de professionnels de l'enfance. Les enfants ont beaucoup à gagner à être éduqués selon des approches complémentaires, d'autant plus qu'un père qui applique des principes éducatifs qui ne sont pas les siens n'est pas crédible auprès de l'enfant. Si vous êtes respectueux des lois et informés des besoins élémentaires des enfants, écoutez les conseils de Montaigne : « Fais ton fait et te connais[1]. »

---

1. *Essais* (1580), I, 3.

□ Être père en continu

Les pères qui ne voient leur enfant que deux week-ends par mois peuvent se désinvestir de leur mission, considérant qu'ils ne lui apportent rien en le voyant si peu. Surtout si, durant ces courtes périodes, l'enfant qui a besoin de s'opposer à lui pour se construire se montre aux yeux de son père bien désagréable à vivre. Ces pères doivent se rappeler qu'ils sont pères aussi en l'absence physique de leur enfant. Ils sont pères quand ils travaillent pour verser une pension, ils sont pères quand ils rencontrent en dehors des temps de garde l'enseignant, le professeur de sport ou le psychologue de l'enfant. Ils sont pères quand ils réfléchissent à ce qu'ils feront avec lui le week-end, quand ils lui cherchent un cadeau, quand ils pensent à lui ou qu'ils lui écrivent un mail ou un texto.

Enfin, le père seul avec son ou ses enfants peut faire appel à leur mère s'il est en difficulté avec eux, y compris pour des problèmes de discipline. On parle beaucoup de la fameuse « loi du père », telle que définie par le psychanalyste Jacques Lacan. Elle est mal comprise, car interprétée comme si seul le père pouvait être le fondement de l'autorité. Mais c'est avant tout la loi de celui qui fait la « paire ». C'est le principe de la triangulation qui introduit un tiers entre l'enfant et son parent qui permet de débloquer bien des situations. Quand le père ou la mère est coincé(e) seul(e) dans ses interactions avec son enfant (blocage dans la communication, refus d'obéissance notamment), il ou elle ne doit pas se sentir dévalorisé(e) ni mauvais parent s'il ou si elle fait appel à l'autre. Ils seront alors surpris de voir qu'un simple coup de fil suffit pour dénouer une situation enrayée. Il va de soi que cela implique une compréhension commune des deux parents dans ce mécanisme d'action et de prendre ses distances avec toutes les rivalités puériles de parent plus ou moins compétent.

Son père ne s'occupe pas de lui

Si le père oublie de venir chercher l'enfant, retenez votre colère et évitez de vous emporter contre lui devant votre enfant. Gardez votre sang-froid et dites à votre enfant : « Ton père n'a pas pu venir comme prévu. Je ne sais pas pourquoi. Mais il n'aura pas la chance d'être avec toi ce week-end. Sans doute que tu es déçu. Que cela ne t'empêche pas d'imaginer ce que tu aurais pu faire avec lui ; en tout cas, moi j'ai des choses à te proposer. » Prévoyez toujours d'autres activités. Si les oublis se répètent, il peut être convenu avec le juge pour enfants que l'enfant soit conduit chez ses grands-parents paternels.

□ Pourquoi ?

Certains hommes démissionnent de leur rôle de père dans le sillage de leur renoncement à leur fonction maritale. Pour d'aucuns, cela se fait d'autant plus facilement qu'ils n'avaient pas investi leur fonction paternelle durant leur vie de couple. Soit qu'ils n'aient pas cherché à occuper cette place, soit qu'on ne les ait pas laissés le faire. Des conflits répétés, un déménagement lointain ou une belle-mère qui ne veut pas entendre parler des enfants de son mari peuvent déliter un investissement paternel fragile. Des modalités de garde qui donnent trop peu de temps au père pour solidifier les liens avec son enfant, des conditions matérielles précaires (studio) ne permettant pas de bonnes conditions d'accueil, mais aussi des problèmes personnels (chômage, maladie, dépendance à l'alcool...) sont autant de raisons qui peuvent expliquer cet abandon paternel. Il n'est pas toujours aisé d'y remédier. Parfois, des professionnels conduits à suivre l'enfant parviennent à contacter cet homme et à retisser des liens altérés par des malentendus et des souffrances à vif.

Quand des enfants rechignent à se rendre chez leur père parce qu'ils s'ennuient chez lui, que les conditions d'accueil sont inconfortables ou qu'ils sont retenus à leur mère par un conflit de loyauté, le père peut se sentir « abandonné » par eux. En retour, il arrive que le père, déjà désemparé par la situation singulière pour lui d'avoir à s'occuper seul de ses enfants, ne prenne pas suffisamment de hauteur, renonce facilement et se mette à délaisser ses enfants, en interprétant comme du rejet ce qui n'est qu'une provocation affective ou un grand désarroi.

□ Comment réagir ?

Le rôle de la mère est alors essentiel et pourtant limité. Il ne lui sera pas aisé d'aider son ancien partenaire en le valorisant et en lui signifiant combien son office est fondamental auprès des enfants. En revanche, elle peut éviter d'accabler inutilement le père devant l'enfant. Si le père est véritablement démissionnaire, il est inutile également de coincer l'enfant dans des espoirs fallacieux et, surtout, dans un sentiment de culpabilité. On pourra dire : « Ton père n'arrive plus, tu l'as constaté, à faire son métier de père. Il est peut-être pris par d'autres soucis. Je ne sais pas pourquoi, mais c'est ainsi. J'espère que cela ne durera pas, mais ce n'est pas non plus impossible. En tous les cas, je ne suis pas responsable de cet état de fait, ni toi non plus. En attendant que la situation s'améliore peut-être, sache qu'il y a d'autres hommes sur lesquels tu peux prendre modèle (ton grand-père, ton parrain, ton prof de judo). N'oublie pas que ton père a, en tant qu'homme, des qualités que j'ai aimées et qui sont les suivantes (citez-les). Tu es en droit de lui en vouloir de ne pas s'occuper de toi, mais que cela ne t'empêche pas de faire tiennes ses qualités. De toute façon, tu restes son héritier. Seuls toi, tes frères et sœurs pouvez le juger en tant que père. »

Sur le temps de garde normalement dévolu au père, on pourra confier l'enfant, si cela est possible, à des membres de la famille paternelle (grands-parents, oncles).

4

Nouveau conjoint,
nouvelle conjointe

Oser refaire sa vie

Il faut accepter de ne pas être sur la même phase que ses enfants dans tous les domaines et, en tout cas, pas dans le domaine de l'amour. À votre bonheur de refaire votre vie, vous trouverez vos enfants assistant encore, les larmes à peine séchées, à la défaite de leurs illusions. Même si votre bonheur retrouvé est fondamental pour qu'ils puissent aller bien, ils vont parfois se montrer râleurs, revendicatifs, pleurnichards. Ils vont être angoissés par la nouvelle situation amoureuse qui est la vôtre. Mais surtout, ressentant votre mieux-être, votre force nouvelle, ils vont s'autoriser à aller mal après s'être longtemps contenus pour ne pas en « rajouter » aux difficultés familiales. Vous êtes devenu(e) à leurs yeux suffisamment contenant(e) pour qu'ils puissent se répandre, pensent-ils inconsciemment, et ils vont vérifier si vous avez le dos assez large. Leurs mauvaises réactions à l'arrivée de votre bonheur doivent être comprises par vous comme la pluie qui accompagne l'arc-en-ciel.

L'image des beaux-pères et des belles-mères, marâtres et parâtres comme on disait au Moyen Âge, souffre depuis des siècles d'une exécrable réputation. Le poète alexandrin Callimaque nous conseille dans ses *Épigrammes*, huit siècles avant Jésus-Christ, d'« éviter même la tombe de vos marâtres ». J'ai rencontré des femmes et des hommes qui ont renoncé à se remettre en couple après un divorce, dans l'intérêt, pensaient-ils, de leurs enfants. Le paradoxe est que ces mêmes personnes n'avaient pourtant pas renoncé à divorcer, ce qui est pourtant plus douloureux pour un enfant qu'un remariage. Je ne parle pas, bien sûr, des femmes qui, meurtries par l'abandon de leur compagnon, renoncent à l'amour, font vœu de célibat et justifient ce choix au nom des enfants. Ce sont d'ailleurs plus souvent les femmes qui restent seules ; les hommes, statistiquement, se remettent plus fréquemment et plus rapidement en couple. Comme si les femmes n'osaient pas refaire leur vie, alors même que la rupture est engagée deux fois sur trois par elles. Serait-ce parce que les hommes supporteraient moins bien la vie en célibataire ? C'est aussi, je crois, en raison de la présence des enfants qui sont confiés majoritairement à la mère. Fabienne, 37 ans, entre dans cette catégorie des mères devenues célibataires : « J'avais rencontré quelqu'un, mais mes enfants et les siens ont mal réagi. J'ai préféré mettre un terme. »

□ Un sacrifice inutile

Combien d'histoires d'amour ont-elles été sacrifiées à l'autel du bien-être supposé de l'enfant ? Ces mères craignent-elles de frustrer leur enfant en partageant leur temps et leur amour ? Ce sont souvent des femmes, ai-je constaté, qui ont eu du mal à continuer d'aimer leur mari après la naissance des enfants. Celles qui renoncent à l'amour conjugal pour leurs enfants donnent involontairement à ceux-ci l'illusion qu'ils peuvent contrôler la vie amoureuse de leur mère.

Ce sont des enfants qui croiront faire la loi à la maison, ce qui est le terreau possible de futures conduites délinquantes. Le retour de bâton pour ces enfants, c'est le poids du sacrifice de leur mère. Qu'ils l'interprètent eux-mêmes ou que leur mère le leur rappelle. Cela va culpabiliser des enfants qui n'oseront pas bien vivre leur vie affective en dehors de leur mère. Les filles, notamment, ont besoin de voir coexister chez leur mère le rôle de maman, de dame (rôle social) et de femme, pour s'identifier dans tous ces rôles et ne pas imaginer que l'un exclut l'autre. J'ai connu de ces filles devenues des femmes qui avaient renoncé à la maternité, car, dans leur esprit, cela n'était pas compatible avec celui de femme épanouie dans sa vie amoureuse et sexuelle. Les garçons également ont besoin de voir que leur mère est aussi une femme, sinon ils risqueraient plus tard de ne plus oser désirer leur femme quand celle-ci deviendra mère et d'aller voir ailleurs pour chercher la femme. Le fait de savoir son père et sa mère en relation amoureuse ou sexuelle avec un(e) autre (que cet(te) autre vive ou non à la maison) protège les enfants de la violence de leurs propres pulsions incestueuses. C'est-à-dire de leur envie inconsciente d'occuper cette place laissée vacante, envie qui les envahit et nuit à la quiétude psychologique nécessaire aux mille et un apprentissages de cette période de la vie. C'est cette violence, source de mal-être, qui fait que certains enfants poussent leur parent à se remarier, comme la petite Mylène, 6 ans, qui voulait que sa mère épouse son instituteur.

Il arrive que certains parents retournent vivre, souvent pour des raisons matérielles mais aussi par faiblesse morale, chez leurs propres parents. Aux yeux de l'enfant, c'est une véritable régression de la part de leur parent qui redevient enfant pour lui. Cela porte plus ou moins atteinte à son propre développement psychologique, car il y a une rupture dans la barrière généalogique. On pourrait comparer cette barrière généalogique à la barrière de corail qui protège des requins. Les requins, ici, c'est l'inconscient des enfants et les fantasmes de toutes sortes, notamment incestueux, qui l'occupent. Cela perturbe également l'identification des enfants à ce parent qui est comme destitué par les grands-parents.

Les a priori de l'enfant

Voyons ce qui se passe une fois que l'enfant a fait connaissance avec le nouveau conjoint ou la nouvelle conjointe devenu présent pour lui, partageant l'appartement du parent ou venant de temps en temps. L'enfant en avait entendu parler lors d'une dispute, habillé d'opprobre par le parent trompé. Il l'a aperçu parfois, au volant d'une voiture déposant son père ou sa mère. Les a priori sont rarement bons. Quand le nouveau conjoint est connu de lui lors de la séparation de ses parents, il porte aux yeux de l'enfant la responsabilité du drame. Au-delà de toute rationalisation sur les motifs de la rupture, cette condamnation du nouveau conjoint permet à l'enfant de protéger l'image de ses parents de toute « responsabilité » dans la séparation et de se protéger lui-même de toute culpabilisation. Écoutons Kévin, 6 ans : « Si mes parents divorcent, c'est à cause d'une femme qui travaillait avec papa. Comme elle n'avait pas de mari, elle a volé celui de maman. » Si le conjoint devient à terme le beau-père ou la belle-mère de l'enfant, cela risque d'être le ferment de relations ultérieures difficiles avec l'enfant.

Je déconseille de présenter trop tôt le nouveau partenaire, ne serait-ce que pour éviter ce type de cristallisation. Un divorce est moins malaisé à « digérer » pour un enfant s'il est conduit par étapes. Ce n'est qu'une fois les bases de la séparation physique établies, lorsque chaque parent a son lieu de vie et que les modalités de gardes sont définies, que celui ou celle qui partagera la vie du parent pourra être présenté(e) à l'enfant.

Un impact souvent positif

Il ne faut pas croire pour autant que la nouvelle mise en couple de ses parents soit une mauvaise chose pour l'enfant. Dans la majorité des situations, c'est au contraire une situation favorable pour lui, pourvu que cette nouvelle relation s'inscrive dans la durée et se passe harmonieusement. Quand Thomas déclare, du haut de ses 4 ans, à un copain de classe : « Moi, j'ai deux papas ! », il en est très fier. D'autant que tous les membres de sa famille recomposée s'entendent parfaitement bien. Il se sent deux fois plus fort que son copain. Si l'on n'a toujours qu'un seul père, on peut en effet avoir deux papas ou plus, c'est-à-dire autant d'hommes qui se donnent mission d'élever un enfant.

Les parents de Benjamin et Simon se sont séparés brutalement. Sa mère s'est mise en ménage, aussitôt la décision prise, avec celui qui était son amant. Une garde alternée a été instaurée. Un an après, le père a rencontré celle qui allait devenir sa compagne. Il culpabilisait à l'idée d'en parler à ses enfants, tant il leur avait dit qu'il avait aimé leur mère et qu'il en voulait à leur beau-père de la lui avoir prise. Or je suivais encore l'aîné des enfants et celui-ci m'a dit clairement être très content que son père ait enfin une amoureuse, car il était triste de le voir seul.

La présence d'un nouveau partenaire évite de rendre disponible la place auprès du parent en question. Cette place, tout enfant ambitionne de l'occuper et ce, qu'il soit une fille ou un garçon. C'est très net entre 3 et 6 ans, et même au-delà, car ce désir est vite réactualisé à l'occasion d'une rupture de ses parents. C'est d'ailleurs l'une des conséquences péjoratives des séparations parentales que de replonger l'enfant dans une étape du développement passée, de le faire régresser sur le plan psycho-affectif. D'autant que cette régression s'accompagne souvent de régression comportementale, voire intellectuelle. Ce nouveau conjoint apporte également un nouveau modèle identificatoire possible, sortant l'enfant de la relation monolithique conflictuelle qui domine parfois la relation parentale. De plus, et c'est là sans doute l'un de ses rôles les plus intéressants pour l'enfant, sa présence participe grandement au mieux-être du parent concerné, surtout si ce dernier s'était senti délaissé et avait perdu son estime de soi.

Dans les situations où le parent ne se remet pas en couple, l'enfant peut se sentir, de fait, coupable vis-à-vis de l'autre d'avoir gagné une compétition imaginaire, d'avoir « pris » la femme ou le mari de son père ou de sa mère, de croire qu'il avait un intéressement au divorce. De plus, l'enfant à l'endroit du parent « solitaire » peut être tenté de « se sacrifier » pour lui, se donnant pour mission de s'occuper de lui, de le veiller, de le consoler, d'être tout pour lui. Tout cela se faisant malheureusement aux dépens de son développement personnel, de son autonomie affective, l'enfant n'osant pas prendre du plaisir en dehors de la compagnie de ce parent délaissé. À long terme, ai-je constaté, cela peut évoluer lors de l'adolescence vers des conduites à risques ou de l'agressivité afin de rompre des nœuds devenus impossibles à démêler autrement.

Apprendre à s'apprivoiser

Ceux qui ont lu *Le Petit Prince* de Saint-Éxupéry savent, grâce à l'enseignement du Renard, que, pour apprivoiser quelqu'un, il faut du temps et des rencontres régulières afin que des liens se tissent progressivement. C'est ainsi que le nouveau conjoint et l'enfant pourront s'apprivoiser mutuellement. On déjeunera avec l'« ami(e) » de papa ou maman, il ou elle nous rendra visite, viendra avec nous au parc ou fera les courses. Ce n'est que dans un second temps que l'ami(e) dormira à la maison. C'est aussi une façon de respecter votre enfant que de faire les choses progressivement. Imaginez-vous dans la situation où votre fille ou votre fils devenu(e) adolescent(e) emmène dormir à la maison quelqu'un que vous n'aviez jamais vu auparavant ! Quand l'ami(e) du père ou de la mère aura dormi à la maison, l'enfant aura été informé préalablement, qu'il(elle) est devenu(e) un(e) amoureux (se). Mais il arrive que les premières nuits ne soient pas de tout repos.

Écoutons Émilie, mère d'un garçon de 5 ans, Romain. Elle s'est séparée de son mari un an auparavant et a fait la rencontre de Gilles il y a quatre mois. Gilles et Romain ont fait connaissance petit à petit, à l'occasion des visites de Gilles, le week-end surtout, et puis certains soirs. Gilles lui parlait, s'intéressait à lui et jouait avec lui. Romain s'est rapidement attaché à cet homme, quoique, dans un premier temps, il eût besoin de parler de son père en le mettant en valeur : « Mon papa a une belle voiture, il a un ordinateur aussi, il sait faire plein de choses, etc. » Émilie raconte : « J'ai prévenu Romain quelques jours avant la première nuit que Gilles viendrait passer à la maison. Ça se passe comme ça avec un amoureux quand on est grand, ai-je précisé. Il n'a pas réagi sur le coup ; mais le soir du jour J, il m'est apparu un peu nerveux. Sans doute ressentait-il mes appréhensions. Au beau milieu de la nuit, Romain est venu frapper à la porte de ma chambre en pleurnichant, demandant à dormir avec moi. J'avais installé un verrou pour éviter qu'il ne me surprenne avec Gilles. J'ai dû lui expliquer qu'une mère dort avec son amoureux, mais pas avec son fils ; que si mon fils prenait la place de mon amoureux, il ne serait plus mon fils et que je ne voulais pas de mon fils comme amoureux. Il prétexta des cauchemars, je lui dis que Gilles et moi pouvions le protéger des dangers, mais tout en restant dans nos chambres respectives. Il demanda à parler à son père, et je lui répondis qu'il pourrait le faire le lendemain, en lui précisant qu'il dormait actuellement avec sa propre amoureuse. Il conclut alors, en guise de revanche, que quand il aurait une amoureuse, ni moi ni Gilles ne pourrions venir les rejoindre ! Certaines nuits suivantes, il revint à l'assaut, puis les choses rentrèrent dans l'ordre. »

□ Définir la fonction du nouveau venu

Quand le nouveau conjoint passe de plus en plus de temps à la maison, voire s'installe avec le parent, sa fonction auprès de l'enfant demande à être définie. Qu'il y ait ou non mariage, le seul terme que l'on puisse utiliser, du point de vue de l'enfant, est celui de beau-père et belle-mère. Ces termes datent du XVe siècle et ont alors éclipsé peu à peu ceux de parâtre et de marâtre, devenus péjoratifs. On peut s'étonner de cette association avec les adjectifs « beau » ou « belle » qui les illustrent sous un jour favorable, alors que, dans la littérature comme dans l'imagerie populaire, ils n'ont jamais eu le beau rôle. Ils partagent cela d'ailleurs avec les belles-mères (mères de l'un des époux) qui n'ont pas toujours bonne réputation, et les beaux-frères ou « beaufs », devenus synonymes de Français moyen aux idées courtes. Sont-ils « beaux » ou « belles » car éventuellement plus jeunes et potentiellement plus séduisants pour l'enfant, du fait d'un interdit incestueux levé en apparence ? Faut-il y voir de la duperie, selon les expressions « faire beau-beau » ou la « bailler belle à quelqu'un » qui désignent l'action de flatter en apparence, de faire des caresses pour mieux trahir par-derrière ? Faut-il y voir plutôt de l'arrogance (« faire le beau, faire la belle ») ou, simplement, la nouveauté, « tout nouveau, tout beau » ? Quoi qu'il en soit, il arrive parfois que ce beau-père ou cette belle-mère ne soient pas toujours mal accueillis par l'enfant.

Caroline a quitté un mari qui n'était guère présent auprès d'elle. Il n'était pas plus présent auprès de ses deux enfants, Gautier et Aurélie, âgés aujourd'hui de 11 et 9 ans. À la suite du divorce, le père s'est détaché plus encore de ses enfants et a renoncé à les recevoir la plupart de ses week-ends de garde. Sa dépendance à l'alcool jouait un rôle majeur dans ce détachement paternel. Quand Caroline s'est mise en couple avec Benoît, les enfants l'ont très bien accueilli, d'autant plus qu'il s'est investi d'emblée dans un rôle éducatif. Si bien que, rapidement, les enfants l'ont appelé papa, surtout Gautier, en attente d'identification masculine et fier de l'appeler ainsi devant les camarades de son âge. Caroline et Benoît m'ont questionné sur ce point. Comment devaient-ils réagir ? J'ai répondu que Benoît pouvait dire à l'enfant qu'il l'aimait comme l'enfant de sa femme, mais qu'il n'était pas son père.

C'est important, surtout avec les enfants de moins de 7 ans chez lesquels une confusion peut s'installer. C'est alors l'occasion de leur apprendre comment se font les enfants et le rôle de leur père dans leur conception. C'est important pour eux d'apprendre qu'ils portent un patrimoine génétique issu pour moitié de leur père et qui les lie autant à lui qu'à leur famille paternelle. C'est important aussi qu'ils entendent que, même s'ils ne voient plus leur père, ils hériteront de lui matériellement quand il disparaîtra, car plus l'enfant est jeune, plus la dimension concrète des échanges est significative pour eux. Mais on peut leur dire également que, s'il est vrai que leur beau-père n'est pas leur père, il peut faire le métier de papa. Et ce d'autant plus que le père

79

de naissance est peu présent, comme dans le cas de Gautier et Aurélie, ou bien malheureusement décédé. « Papa » désigne la fonction quand « père » désigne l'état civil. Le beau-père peut se faire appeler « bô papa » ou d'un autre signifiant évoquant sa fonction, tel que le mot anglais « daddy ». Il peut aussi proposer d'ajouter son prénom au signifiant papa, par exemple : « papa Benoît ». Mais, une fois les explications données et quelques rappels sur le vrai père et le papa de tous les jours, la tolérance doit être de mise avec les grands enfants qui peuvent décider d'appeler uniquement « papa » leur beau-père et font ainsi leurs choix identificatoires.

Quand on s'installera avec le nouveau conjoint, on préviendra également l'autre parent. Si le dialogue est bâillonné par les émotions et les rancunes, on lui écrira. Il est important de rassurer ce dernier et de le conforter dans sa place de père ou de mère. Surtout s'il est le parent non gardien et s'il ne voit ses enfants qu'un week-end sur deux. Ne pas informer l'autre parent, ou ne pas faire cas de ses remarques et questionnements sur la situation nouvelle autour des enfants, risquerait de provoquer de sa part une attitude de rejet qui contaminerait les enfants. Il ne faut pas hésiter à communiquer des informations relatives à la belle-mère ou au beau-père. Il n'est pas question évidemment que votre ex-conjoint puisse gérer votre nouvelle vie affective, mais il est normal que chaque parent ait un minimum de renseignements sur l'adulte avec lequel votre enfant sera en contact intime nuit et jour.

☐ Quand l'accueil est mauvais

Trop souvent, le nouveau conjoint est accueilli comme un intrus. Les raisons en sont nombreuses. L'enfant le rend responsable de la rupture de ses parents, protégeant ainsi ces derniers et les autres membres de la famille, et se protégeant lui-même de la culpabilité. L'autre raison est la jalousie œdipienne de l'enfant qui se verrait bien, inconsciemment, comme le partenaire idéal du parent « démarié ». L'enfant se fait aussi le porte-parole du parent délaissé qui est jaloux du rival venu lui prendre sa place. Il agit alors soit de son propre chef, soit par loyauté, soit encore pour répondre aux attentes du parent en question. Un divorce sans plaies ni bosses implique évidemment que chaque parent demande à l'enfant de respecter le choix de l'autre parent, et de respecter son beau-père et sa belle-mère. Si on est une femme ou un homme délaissé, il faut faire un grand travail sur soi et avoir une grande force d'âme pour être capable de ravaler ainsi son dépit, voire sa haine. Mais c'est dans l'intérêt de son enfant qui n'a aucun bénéfice à tirer d'être en conflit avec ses beaux-parents et, par ricochet, avec le parent en ménage. Il dépenserait dans ce type de conflit une énergie qui se ferait aux dépens de son équilibre affectif et de son développement personnel. C'est évidemment plus facile pour le parent de demander à l'enfant de respecter son beau-parent, quand le beau-parent en question ne manque pas de respect à son égard, ne le critique pas et agit avec tact avec lui, montrant qu'il ne cherche pas à « détrôner » la mère ou le père.

Le respect n'impose pas l'amour. Sa mère peut lui dire par exemple : « Tu n'es pas obligé d'aimer ta belle-mère, mais c'est la femme que ton père a choisie comme nouvelle épouse. Lui manquer de respect, c'est manquer de respect à ton père, et cela, je ne peux l'accepter. »

Si, malheureusement, la jalousie du parent délaissé vis-à-vis du nouveau conjoint nourrit souvent le rejet du beau-parent par l'enfant, il arrive, aussi paradoxal que cela puisse paraître, que la jalousie soit également du côté du parent à l'origine de la rupture. Anne, 42 ans, a quitté son compagnon, Marc, après douze ans de vie commune et deux

81

enfants, à la suite d'une rencontre passionnelle avec Philippe, avec lequel elle s'est établie. Son ex-compagnon s'est remis péniblement de cette séparation et, deux ans après, il s'est mis en couple avec une femme plus jeune. Une grossesse est venue rapidement sceller cette union. Anne a très mal supporté cette fécondité, ne pouvant plus elle-même avoir d'enfants. Son attitude a changé avec Marc. Devenant distante, voire hostile, elle s'est mise à critiquer de façon ouverte la nouvelle compagne auprès des enfants qui se sont fait les porte-parole de ce ressentiment.

Une naissance dans le nouveau couple peut aussi modifier l'attitude du nouveau père ou de la nouvelle mère. Jean-Philippe a connu un divorce conflictuel et étalé dans le temps. Sa femme l'a quitté et il n'a pu obtenir la garde de ses enfants. Pacsé deux ans après la fin de son divorce, il a un enfant, Matteo, avec sa nouvelle compagne. Jean-Philippe s'est tant attaché à Matteo qu'il en a négligé les deux fils de son premier lit. Il est devenu exigeant et dur avec eux, ceux-ci étant dans son esprit comme les représentants d'un passé pénible qu'il souhaite oublier, tandis que Matteo annonce le bonheur retrouvé. Les deux aînés ont mis ce changement d'attitude sur le dos de Matteo et de sa mère qu'ils ont rejetée, se conduisant comme des diables avec elle, aggravant en retour la vindicte de leur père contre eux. Un bref travail avec les enfants et le père, venu me demander conseil, a permis de renouer les liens et de dissiper les tensions. Jean-Philippe a même demandé à recevoir plus souvent, en garde partagée, ses deux premiers enfants.

☐ « Tu n'es pas mon père ! »

« Tu n'es pas ma mère ! » s'est entendu dire Sylvie par sa belle-fille de 12 ans, Yasmina. C'est un grand classique, même si ce n'est jamais agréable à entendre. Cela entraîne habituellement un désinvestissement du beau-parent dans son rôle éducatif. En dehors des raisons citées ci-dessus, on est souvent en présence de mises à l'épreuve. Quel que soit l'âge de l'enfant, c'est une demande déguisée concernant la définition des rôles, des droits, des devoirs de chacun, ainsi que les règles de vie intrafamiliales. L'autorité du beau-parent doit être clairement établie. Il faut lui dire qu'au nom de la loi, seules deux personnes ont autorité sur lui : son père et sa mère. Toutes les autres autorités le sont par délégation. L'autorité d'une belle-mère n'est pas une autorité maternelle, mais une autorité paternelle par délégation qui dure tant que dure le lien entre le père et sa nouvelle compagne. Elle existe bel et bien, à moins que le père n'interdise à cette dernière toute autorité sur son enfant. Sylvie pourrait répondre à Yasmina : « Bien sûr que je ne suis pas ta mère, mais ton père m'a prêté son autorité sur toi, tu dois donc me respecter comme tu le respectes. » Évidemment, la belle-mère ne doit pas chercher à évincer la mère, ni la critiquer directement ou en sous-entendu devant l'enfant. Le beau-parent saura aussi ne pas intervenir dans les discussions entre parents ni dans les décisions quant aux grandes orientations éducatives (choix d'une activité de loisir, orientation scolaire, pratique religieuse, etc.).

☐ Des affrontements nécessaires

Les conflits avec le beau-parent, en période œdipienne (3-6 ans) et encore plus à l'adolescence, ne doivent pas inquiéter. Ils sont aussi le signe que l'enfant prend au sérieux l'adulte en question et l'« utilise » pour résoudre son Œdipe ou « passer » sa crise d'adolescence. On pourrait parler d'affrontements nécessaires, en ce sens qu'ils participent au développement psycho-affectif de l'enfant et qu'ils auraient eu lieu avec les parents. S'ils se produisent avec les beaux-parents, c'est que ceux-ci, dans le cœur de l'enfant, occupent une fonction similaire, celle de partenaire sexuel et amoureux de leur parent. Quand j'ai reçu François, il se plaignait que la fille de sa femme n'ait de cesse de le « chercher ». Je me suis entendu lui dire alors : « Si elle se conduit comme ça avec vous, c'est qu'elle vous considère comme un père, mais surtout comme celui qui fait paire avec sa mère. C'est en tant que tel qu'elle vous cherche, et c'est en tant que tel qu'elle doit vous trouver. » Être parent d'adolescent n'est pas facile. On est remis en question de façon répétée et l'on souffre de l'ingratitude de son enfant. Mais on supporte ces difficultés en se souvenant des années agréables où l'on était un dieu pour cet enfant. Tandis que, pour le beau-parent qui a droit au pire sans avoir connu le meilleur, il faut beaucoup d'humanisme pour tenir bon.

□ Histoire d'Antonin

Antonin a 14 ans. Ses parents se sont séparés quand il avait 4 ans. Ses deux parents se sont remariés. Le mode de garde fait que c'est chez sa mère et Jean, son beau-père, qu'il passe la majorité du temps. Il s'est toujours bien entendu avec Jean. Il a fait du tennis avec lui et voulait être ingénieur comme lui. C'est Jean qui l'aidait pour ses devoirs et Antonin était très bon élève. Et c'est Jean qui a eu droit aux effets de sa « crise d'adolescent ». À partir de 13 ans, Antonin a commencé à s'opposer à lui, à lui parler de moins en moins, à le critiquer. Il s'est moins investi scolairement (ses résultats s'en sont ressentis) et il a arrêté le tennis. Son père, qui était aimé sans être idéalisé, a été alors mis à l'abri de tout reproche, et Antonin se conduisait de façon exemplaire chez lui. Sur le plan psychologique, Antonin a clivé l'imago paternelle. Jean, le beau-père, s'est mis à représenter le mauvais père, et son père, le bon père. Ce procédé (le clivage) est une façon très économique pour le psychisme de supporter ses conflits intérieurs. Un fils vis-à-vis de son père à l'adolescence est déchiré entre son attachement et son besoin de prendre ses distances ou de se mesurer à lui. Antonin s'évite ces ambivalences complexes et pénibles à supporter en utilisant de façon manichéenne ses deux figures paternelles.

La solution adoptée a été qu'Antonin aille séjourner majoritairement chez son père. Mais l'éclairage que j'ai apporté à Jean sur ce sujet lui a permis de mieux supporter sa destitution apparente et de tenir bon face aux assauts et à l'ingratitude d'Antonin. Il a pu garder une attitude de fermeté bienveillante, sans rejeter son beau-fils, tout en attendant des jours meilleurs, ceux où Antonin, devenu jeune adulte, saura exprimer à nouveau son affection pour celui qui lui a servi de modèle et de repère durant une très grande partie de son enfance.

Un nouveau couple à l'épreuve

Quand, après une séparation, on se remet en ménage, c'est souvent plus malaisé pour les femmes, car ce sont elles qui ont la garde principale des enfants. Elles doivent apprendre à préserver l'équilibre entre leur rôle de mère et celui d'épouse. Quand elles rencontrent un compagnon, cet homme, qu'il ait des enfants d'un premier mariage en charge ou non, doit accepter le lot formé par sa nouvelle femme et ses enfants. Si cet homme prend à cœur de s'occuper avec elle du confort des enfants, le lien conjugal sera moins tendu. Mais il est plus facile d'accepter de partager sa compagne avec les enfants de celle-ci quand ce sont ses propres enfants, surtout quand les enfants de l'autre se montrent hostiles en permanence. Il est donc fondamental pour le nouveau cou-

ple de se ménager des temps à deux pour préserver son intimité conjugale. C'est pourquoi la garde partagée, qui donne
plus de temps libre à la mère, permet à celle-ci d'être plus
disponible pour une nouvelle vie de couple.

□ Les empreintes de celui qui est parti

Il est assez courant que ce soit le père qui quitte le logis et
que, dans un premier temps du moins, mère et enfants y
demeurent. Il est fréquent que l'ami de la mère, surtout s'il
n'a pas d'enfants, vienne s'installer dans ce logement. Il est
bon que les enfants, en plus de la séparation, ne subissent
pas le stress supplémentaire d'un déménagement. Cependant cette situation rend l'intégration de cet homme plus difficile. Il vient, aux yeux des enfants, occuper physiquement
le nid du père, tel un coucou. Et pas seulement dans le lit de
leur mère. Les objets sont des porte-mémoire. Le père est vivement évoqué par tous ceux qui racontent son histoire. Ces
étagères qu'il a eu tant de mal à poser avec les enfants, ce
fauteuil qui était sa place réservée, ce miroir grossissant
accroché au mur de la salle de bains, témoin de l'expulsion
de ses comédons, sont autant de petites gorgées de bière pour
les enfants qui sont troublés de voir un autre laisser ses
empreintes sur ces objets de culte. Aussi, je conseille à la
mère, si un déménagement n'est pas à l'ordre du jour, d'entreprendre une rénovation avant l'installation de son complice
et de dépoussiérer le passé (en commençant par le lit conjugal). Mais n'oubliez pas de photographier ces objets qui rappellent papa et dont on se débarrasse. Ou bien, si cela est
possible, je conseille de les conserver à la cave ou au grenier.

□ Trouver ses marques

S'il y a eu une longue période entre la présence de ces
deux hommes, les enfants ont élargi leur territoire personnel

qu'ils devront réduire pour laisser place au nouveau venu. C'est valable pour l'espace comme pour le temps, que ce soit dans la salle de bain, dans le séjour (avec les temps de télé notamment), comme dans toutes les pièces communes. Le beau-père, qui doit bien créer son espace, peut pâtir de l'usage que les enfants feront de ses affaires personnelles. Il peut retrouver ses CD rayés, ses papiers recouverts de yaourt et son ordinateur visité. Je déconseille à la mère des enfants de le désavouer s'il râle, en l'accusant d'être un peu trop maniaque. Le fait de se sentir étranger en un lieu renforce l'attachement à ses effets personnels et la délimitation des territoires est fondamentale à la survie d'une famille élargie. Toutefois, la conduite des enfants ne doit pas être interprétée que comme de l'agressivité ou de l'irrespect. C'est aussi un signe d'intérêt pour le nouveau venu. Laisser des traces sur ses effets ou utiliser ses objets, c'est, inconsciemment mais clairement, le témoignage d'un investissement de sa personne. L'enfant qui emprunte les objets du compagnon de sa mère marche dans ses pas et intègre sa présence.

□ Les prémices d'un lien affectif

Pour l'enfant, déjà psychologiquement fragilisé par les conflits et la séparation parentale, le début de la vie commune avec le partenaire de sa mère ou de son père est souvent difficile à accepter. Ce n'est pas parce que vous allez trouver toutes les qualités à un homme ou une femme que vos enfants auront le même avis que vous. À l'inverse, aimer un homme ou une femme, même depuis plusieurs mois dans le cas d'histoires restées secrètes, n'implique pas qu'il sera aisé pour vous d'aimer son fils ou sa fille. La présence d'enfants interfère dans l'intimité conjugale du nouveau couple. Les premiers conflits dans les couples recomposés se font, selon mon expérience de clinicien, toujours à propos des enfants. Il importe, en tant qu'adulte, de faire la part des choses entre ses différents sentiments, afin de ne pas en vouloir à son partenaire de l'attitude des enfants et réciproquement. L'amour donné au partenaire n'est jamais de l'amour en moins donné à l'enfant. Quand vos enfants vous découvrent, aimant autrement que comme une mère ou un père, ils apprennent beaucoup sur les différentes façons d'aimer. Mais, surtout, l'amour que vous recevez en retour de votre partenaire, c'est du combustible pour votre amour de mère ou de père. Cet amour conjugal vous permet d'irradier. Le nouveau compagnon ou la nouvelle compagne, surtout s'ils n'ont pas d'enfants ou s'ils sont jeunes d'esprit, pourront se mettre en rivalité avec vos enfants. « Tu passes tout ton temps avec eux ! », « Tu leur cèdes tout ! », « On n'a pas de vie de couple ! » sont des extraits des réflexions amères de conjoints qui se sentent délaissés.

Hervé, médecin de 40 ans, s'est mis en ménage après sa séparation avec Éléna, une jeune femme de 28 ans. Ils sont venus me consulter pour des conseils concernant Yvanne, 5 ans, la fille d'Hervé. Éléna est agacée par l'attitude d'Hervé avec sa fille. Yvanne est à l'âge où elle est on ne peut plus charmeuse avec son père. Hervé, qui ne voit sa fille qu'un week-end sur deux, lui consacre alors la totalité de son temps. Parc de loisirs, boutiques, aire de jeux, musée pour enfants, zoo, restaurant, rien n'est trop beau pour elle. Il apparaît clairement, durant l'entretien, qu'Éléna aime bien Yvanne. D'ailleurs, elle reçoit l'affection de la petite en retour. Ce n'est pas une simple question de jalousie comme le pense Hervé qui menace de se séparer si Éléna continue ses reproches. « Tu es trop sur elle ! » n'a-t-elle de cesse de répéter. En fait, si ce lien entre Hervé et Yvanne est douloureux pour Éléna, c'est qu'elle aurait rêvé avoir ce type de relation avec son père. Or elle a eu une mère très autoritaire,

88

voire acariâtre, tandis que son père brillait par son absence, ne prenant jamais la parole, laissant sa mère gérer tout à la maison et ne s'occupant jamais directement des enfants. La relation d'Yvanne avec son père a réveillé les douleurs de son enfance. Cependant, les entretiens ont aussi mis en évidence des erreurs éducatives de la part du père qui prenait, en tout bien tout honneur, ses bains avec sa fille. Ces erreurs, rapidement corrigées après mes conseils, participaient aux flambées œdipiennes autant chez Yvanne que, sous forme de reviviscences, chez Éléna.

S'unir à un nouveau conjoint, à une nouvelle conjointe, ne doit pas pour autant faire renoncer à son « métier » de père et de mère. Il faut donner tort à ce proverbe qui dit : « Quand arrive la marâtre, le père devient un parâtre. » L'enfant, surtout si la période de crise entre ses parents n'est pas achevée, a besoin de présence, de tendresse et d'attitudes compréhensives. S'investir dans une nouvelle relation de couple est bon pour soi et ce qui est bon pour son équilibre est bon pour l'enfant. Mais l'enfant, qui doit comprendre qu'il ne pourra pas remplacer un parent auprès d'un autre, ne doit pas se sentir abandonné pour autant. Or une situation de séparation attise ce sentiment chez lui, quel que soit son âge. Ménager des temps individuels avec son enfant, des temps d'échanges informels qui ne soient occupés ni par des questions scolaires, ni par des questions d'obligations d'aucune sorte, sont vitaux pour l'équilibre de votre enfant, mais aussi pour le vôtre.

5

Conseils aux beaux-parents

Partager l'amour

Accepter de partager l'amour de la personne qu'on aime avec celui qu'elle porte à ses enfants n'est pas un exercice aisé pour le beau-parent. C'est déjà parfois un problème que de devoir partager sa femme ou son homme avec ses propres enfants, surtout pour les jeunes pères. L'exclusivité est un des porte-drapeau de l'amour. Or l'amour filial et parental pèse au moins aussi lourd que le lien conjugal. Et le beau-parent souffre d'autant plus de cette rivalité possible que les sentiments amoureux adultes sont largement nourris par les premiers liens d'amour vis-à-vis de ses propres parents. En effet, un partenaire amoureux est aussi partiellement aimé comme père, mère, frère, cousine, ami... Une femme peut aimer momentanément son homme comme un père et une fillette aime par moments son père comme un petit mari. Tous les amours ont une base commune et la rivalité prend racine dans ce terreau commun. L'autre gageure pour le beau-parent est de parvenir à ne pas voir l'ex « dans » l'enfant de son ou sa partenaire. Sinon, le sentiment de rivalité se trouve dédoublé.

La conduite à tenir est de maintenir pour le nouveau couple des temps à deux, mais aussi, pour le beau-parent, d'accepter que son ou sa partenaire puisse bénéficier de temps seul(e) avec ses enfants. La vie de couple doit être préservée, mais on ne sera pas tout le temps ensemble. On n'hésitera pas à communiquer à l'autre son malaise ou son sentiment de jalousie et l'on acceptera de faire face à l'ambivalence de ses sentiments vis-à-vis de ses beaux-enfants afin de ne pas se laisser dominer par eux. On se fera à l'idée que l'amour filial et parental de son ou sa partenaire participe à son épanouissement et donc à l'épanouissement du nouvel amour. On aidera à l'amélioration entre son partenaire et son ex afin que les enfants, profitant de ce climat plus sain, soient moins enclins à s'inscrire dans des relations fusionnelles avec le partenaire. On en profitera pour auto-analyser sa propre mécanique amoureuse en se penchant sur son histoire affective et, notamment, sur ses liens affectifs avec ses propres parents.

Partager l'espace

En arrivant au sein d'une nouvelle famille, surtout si on emménage dans le lieu qui était et qui reste le domicile familial de son partenaire, on ne se sent pas facilement chez soi. C'est d'autant plus vrai que son partenaire est le parent gardien et que l'on n'a pas soi-même d'enfants à charge. C'est dire, en pratique, que c'est souvent plus difficile pour les beaux-pères. Le lien mère-enfant est particulièrement marqué du sceau de la complicité, et il a été souvent renforcé par une période durant laquelle la mère a vécu seule avec son enfant. Si le nouveau couple décide d'habiter une nouvelle résidence, il est important que le beau-père participe à la décoration du lieu. Trop souvent, ce sont les femmes qui décident presque seules de l'organisation spatiale. Or les questions d'espace sont les principaux motifs ou prétextes des disputes au sein d'une famille recomposée. Le risque peut être que la mère définisse le nouvel espace en ayant en tête, par habitude ou instinct maternel, le confort des enfants, et en négligeant partiellement celui de son nouveau compagnon.

Quel que soit le logement, nouveau ou déjà occupé par la famille, il importe de bien délimiter des espaces privés suffisamment étendus au côté des espaces communs. La salle de bain, par exemple, sera distribuée en espaces de rangement propres à chacun, avec des ustensiles faciles à départager (par exemple, des serviettes de bain ou des brosses à dents de couleurs différentes). Son usage sera astreint à des horaires prédéfinis. Les beaux-parents prendront garde à respecter les affaires personnelles de leurs beaux-enfants et demanderont à leur partenaire de faire respecter les leurs. Mais ils ne verront pas dans l'utilisation par les enfants de leur ceinture, de leur parfum ou de leur CD un geste agressif. C'est aussi, de la part des enfants, une façon inconsciente de faire corps avec le nouveau venu, comme lorsque les petits prennent les affaires de leurs parents et touchent à tout ce qui leur appartient. Il s'agit d'un mécanisme d'identification à l'autre, relayé par ses objets personnels.

L'affection rend la parenté belle

Si le futur beau-père emménage dans le domicile de sa femme et des enfants de celle-ci, je lui conseille (comme à la belle-mère qui souhaite s'investir auprès des enfants de son partenaire) de s'occuper d'abord du cadre de vie et du confort matériel : réparer le jouet cassé, repriser un nounours, couvrir des livres, faire des repas, aider aux travaux

93

d'aménagement de la chambre des enfants, installer les logiciels de l'ordinateur. Ce n'est que secondairement, après six mois ou un an de vie commune, une fois bien « représenté » dans le concret de ses actions, que le beau-parent pourra se positionner vis-à-vis de l'enfant en recommandant, déconseillant ou interdisant. Il y sera autorisé, comme je l'ai signifié plus haut, par la délégation d'autorité du parent conjoint. Il faut laisser du temps aux enfants pour s'habituer au compagnon de leur mère et tisser des liens affectifs. C'est l'affection qui fait la « belle parenté ».

Quand les enfants semblent abuser de l'absence de leur père (absence physique ou absence dans son éducation) pour pousser leur mère à bout, le beau-père est parfois tenté d'intervenir d'emblée et fermement pour mettre bon ordre, bref de mettre en œuvre illico « la loi du père ». C'est souvent une médiocre stratégie. Les enfants risquent de se braquer contre lui en idéalisant, par contrecoup, leur véritable père auquel ils se confieront et qui risquerait inconsciemment ou non de pousser les enfants à se monter contre le beau-père. La mère, éventuellement ravie dans un premier temps de voir son ami l'aider en s'investissant dans l'éducation des enfants, risque ensuite de se retrouver prise dans un conflit de loyauté entre lui et ses enfants. Le plus sage est de laisser faire dans un premier temps. La patience, ici, moissonne la future paix des ménages. Que mère et enfants se rendent bien compte de l'ampleur des dégâts, et que le beau-père ne donne pas l'impression de chercher à remplacer le père. Si l'état des relations le permet, la mère pourra demander au père d'intervenir verbalement. Celui-ci, idéalement, demandera aux enfants de respecter leur mère en son absence et leur dira que le divorce des parents ne les autorise pas à ne plus obéir à leur mère. Aux yeux des enfants, le statut d'un parent repose pour moitié sur la reconnaissance, sur l'homologation par l'autre parent. Si cela ne suffit pas et que, plus tard, le beau-parent est amené à intervenir, qu'il attende que sa compagne le lui demande afin que la dimension de délégation apparaisse clairement. Cela lui coûtera peut-être un réajustement de sa vision des choses que d'être ainsi hiérarchiquement désigné comme second, mais il a tout à y gagner. Bien sûr, si les enfants lui manquent de respect directement, il peut répliquer individuellement, sans répondre en miroir aux propos de l'enfant et avec la hauteur qui convient à un adulte. Mais il doit aussi accepter que ce soit sa compagne qui prenne sa défense et demande à ses enfants de respecter son amoureux ou son mari. Les enfants apprendront ainsi que c'est aussi à ce titre qu'il doit être respecté par eux.

Avec le temps, de surcroît, des fils d'affection réciproque vont se tresser entre les enfants et lui, ce qui lui donnera une autorité de cœur. Certains beaux-pères ne se sentent aucune vocation à s'occuper des enfants d'un autre homme. Ils peuvent être pris dans des conflits de loyauté vis-à-vis de leurs propres enfants qu'ils ne voient parfois qu'un week-end sur deux, alors qu'ils vivent le reste du temps avec les enfants de leur femme. Ce n'est pas forcément un problème pour les enfants, surtout si leurs deux parents occupent bien leur fonction parentale et si chacun respecte le territoire de l'autre. Comme on dit aux enfants qu'ils ne sont pas tenus d'aimer leur beau-père, mais de le respecter, ils peuvent entendre que la réciproque est vraie. Certains enfants s'en satisfont, d'autres s'en accommodent et ceux que cela chagrine vont tenter parfois de se faire aimer de leur beau-père.

S'il est important que la mère reste femme auprès de son nouveau compagnon, il est aussi important qu'elle reste mère auprès de ses enfants, qu'elle ne les néglige pas au profit du seul bien-être de son nouveau compagnon et, bien sûr, qu'elle ne laisse pas celui-ci imposer sa tyrannie aux enfants. En ce cas, si les enfants souffrent, le mieux est de redéfinir le mode de garde.

Les fantômes du passé

Le passé affectif de son ou sa nouvelle partenaire est souvent difficile à entendre pour le nouveau conjoint. D'autant plus que, s'il est possible de faire mine d'oublier l'avant en l'absence de progéniture, il est beaucoup moins aisé (ni recommandé d'ailleurs) de faire table rase du passé en présence des enfants. Cet objectif serait vite rendu caduc, car les enfants rappellent sans cesse le passé dans leurs paroles, et jusque dans leur chair, par leur ressemblance et, tout simplement, par leur présence. Si le parent, comme je le vois parfois, essaie de nier totalement toute sa vie affective passée, elle risque de lui être brutalement renvoyée comme un boomerang un jour ou l'autre, ne serait-ce que dans le comportement de ses enfants. Les hommes se taisent davantage que les femmes. Les proverbes disent que la parole est féminine. Mais le silence n'est pas l'oubli et c'est en parlant qu'on peut se décharger d'un passé encombrant. Nier le passé, c'est une façon inconsciente de tenter d'éviter que les choses (c'est-à-dire l'échec) ne se répètent. Comme si les deux histoires étaient similaires. Or, pour le nouveau compagnon, savoir que sa femme en a aimé un autre et que cet amour lui a laissé des traces, c'est accepter d'aimer cette femme porteuse de ces marques. Il faut les considérer comme une sorte de label qui garantit que cette femme n'est pas la même que celle qui était aimée par son conjoint précédent.

Le beau-parent doit accepter que sa compagne ou son compagnon maintienne des liens avec l'autre parent des enfants, car c'est indispensable pour ceux-ci. Il doit aussi accepter que ces échanges se fassent en son absence, c'est d'ailleurs plus confortable psychologiquement pour lui. Le téléphone portable permet aux parents de se contacter sans que les appels se fassent dans l'espace privé du logement. Il n'est pas choquant que des parents qui s'entendent suffisamment bien se reçoivent à la maison, notamment à l'occasion du relais des enfants. C'est, en tout cas, très positif pour l'équilibre de ces derniers.

□ Éviter les comparaisons

Chaque parent, par égard pour son ou sa nouvelle partenaire, veillera alors à ce que les espaces désignant l'intimité du beau-parent et du nouveau couple, en particulier la chambre à coucher, soient préservés des visites. Le parent séparé évitera évidemment de comparer, dans un sens valorisant ou dévalorisant, son ancien partenaire et le nouveau. À l'inverse, le beau-parent se gardera de questionner son ou sa conjointe sur leurs différences (évitant, par exemple : « Tu préfères ma façon de cuisiner ou la sienne ? »). Ce besoin de comparaison soit traduit un manque de confiance en soi, soit révèle une façon inconsciente de jouir d'un ménage à trois. C'est parfois nourri par le fantasme d'avoir pris la femme ou l'homme d'un(e) autre. Ce fantasme trouve ses racines dans la petite enfance, quand on s'inscrit en rivalité avec le ou la partenaire de l'un de ses parents. Plus les conjoints seront comparés et plus les enfants auront tendance à comparer leur parent et leur beau-parent de même sexe. Cette comparaison sera le germe de difficultés relationnelles entre enfants et beaux-parents. Quand on construit un nouvel amour, c'est comme si l'on construisait un nouvel édifice. Dans l'histoire, il était fréquent d'utiliser les pierres ayant servi à un ancien édifice plus ou moins détruit par la guerre et le temps. Cela ne rendait pas le nouvel édifice ni moins beau, ni moins solide que l'ancien, surtout, cela ne l'empêchait pas d'être différent du précédent. C'est sans doute en amour la meilleure façon de faire, en tout cas la plus économique psychologiquement, car cela permet d'absorber positivement le passé et de se débarrasser des ruines dangereuses. Mais, pour cela, il ne faut pas renier ses sentiments ni ses plaisirs passés.

Trop beau parent

Vous souvenez-vous de l'histoire du Bossu, alias Lagardère, et de sa fameuse réplique : « Si tu ne viens pas à Lagardère, Lagardère viendra à toi ! », jouée au cinéma par Jean Marais et reprise récemment dans une nouvelle version par Daniel Auteuil ? Dans ce film tiré du roman éponyme, Lagardère élève Aurore, fille de son ami assassiné alors qu'elle n'était qu'un bébé. Vingt ans plus tard, il devient son amant. Je me souviens qu'enfant, j'avais été choqué par cette union. Je mettais cela sur le compte de la différence d'âge (Jean Marais avait l'âge du rôle, c'est-à-dire qu'il n'était plus tout jeune). En fait, ce devait être le caractère incestueux de l'union entre un beau-père et sa belle-fille qui heurtait ma moralité d'enfant.

□ Histoire de Kate

Les relations entre enfants et beaux-parents souffrent parfois d'un manque de limites. Kate, 13 ans, me fut adressée par son médecin généraliste en raison de plaintes physiques sans anomalies décelées. Le caractère psychogène des douleurs pouvait être affirmé. Cela avait débuté par des douleurs dorsales auxquelles son beau-père avait répondu dans un premier temps par des massages avec une crème rapportée d'Inde. Puis les douleurs se déplacèrent dans le ventre, puis le bas-ventre, et motivèrent des examens médicaux. Kate se plaignait auprès de moi de petits conflits avec sa mère et trouvait que son beau-père intervenait de façon excessive sur sa façon de s'habiller et sur ses fréquentations. Mais, en dehors de ses plaintes physiques et d'anxiété, elle élaborait assez peu ses difficultés. Son beau-père surveillait de près son éducation. Il adressait une fin de non-recevoir au téléphone dès que c'était un garçon qui demandait à lui parler et jugeait que ses tenues vestimentaires étaient toujours « trop » ou « pas assez » et toujours susceptibles d'aguicher les hommes. Ce comportement en apparence éducatif allait de pair avec un souci extrême porté à sa santé et son hygiène. Chaque jour, il lui demandait si elle s'était bien lavée partout. Il lui achetait savon, shampoing de qualité, parfum et jusqu'à du savon spécial pour toilette intime. À la maison, par contre, la pudeur n'avait pas de place. La salle de bain et les toilettes n'avaient pas de verrous ; ils avaient été retirés par lui car il avait le mauvais souvenir, enfant, d'être resté coincé à l'intérieur. Il n'y avait jamais eu de geste déplacé, mais une ambiance trouble semblait régner. La mère ressentait un discret malaise, mais elle s'en sortait en rationalisant et en trouvant que, décidément, son compagnon était un « vrai père » pour sa fille. Elle pensait, en fait, certainement, une « vraie mère ». En effet, elle avait souffert, étant enfant, de carences maternelles. Sa mère se consacrait à elle-même, à sa beauté, à son bien-être, à ses plaisirs et ses sorties, mais avait peu répondu aux besoins élémentaires de présence que pouvait nécessiter sa fille. Elle aurait aimé avoir une mère qui se soit occupée d'elle aussi bien que son mari s'occupait de Kate. Devenue mère à son tour, elle n'a jamais été très à l'aise dans sa fonction maternelle, mais, travaillant, elle s'est fait aider par de bonnes nourrices jusqu'à ce que Kate soit assez grande pour se garder seule. Avec sa fille devenue préadolescente, les relations sont devenues un peu tendues. Heureusement, a-t-elle pensé, le beau-père a pris le relais. Le père de Kate, parti vivre en province après son divorce, ne pouvait guère voir sa fille que pendant les vacances, quand il n'annulait pas pour cause de travail à l'étranger. La proximité excessive du beau-père avec Kate m'apparut comme la cause probable de ses douleurs psychosomatiques. Ces douleurs étant à la fois l'expression d'une angoisse suscitée par ce corps nouvellement formé et investi d'une puissance mal contrôlée, mais aussi un appel à un maternage. Le beau-père est devenu pour Kate l'équivalent d'un père accessible. Lui était inconsciemment fasciné par la féminité nouvelle de sa belle-fille. L'ambiance incestuelle créée entretenait les douleurs chez Kate dans un balancement entre excitation œdipienne et culpabilité.

Des conseils de prise de distance physique et un travail psychothérapique pour élaborer une distanciation psychoaffective permit de faire disparaître rapidement les symptômes douloureux chez Kate, de rétablir de meilleures relations avec sa mère et de l'aider à poursuivre sa maturité plus sereinement.

□ Installer des barrières de sécurité

Les beaux-parents comme les parents doivent renoncer à un contrôle excessif sur le corps de l'enfant devenu pubère. Sinon, l'émancipation de l'enfant se bloque, car le désir incestueux enraye son évolution psychique et crée une angoisse qui se localise sur le corps. Un espace, une barrière de sécurité, doit être instauré entre les enfants et leurs beaux-parents, surtout à l'heure de la puberté. Le moyen le plus simple est de restaurer le principe de pudeur intrafamiliale. C'est utile avec les parents biologiques, cela est indispensable avec les beaux-parents, car la barrière est plus fragile. L'interdiction de se marier avec ses beaux-parents doit d'ailleurs être signifiée dès la petite enfance.

J'ai suivi un jeune garçon de 15 ans, Yohan, qui vivait en garde alternée chez ses deux parents séparés. Il n'avait de cesse d'émettre des critiques à l'endroit de sa jeune belle-mère, vivant en ménage avec son père depuis deux ans. L'intensité de ces critiques faisait que le père pensait remettre en question les modalités de garde, ce qui chagrinait Yohan qui ne souhaitait pas vivre majoritairement avec sa mère seule. C'est à la suite d'un rêve érotique où il faisait l'amour avec sa belle-mère qu'il comprit l'ambivalence de son attitude défensive. Ce fut la première étape de son élaboration mentale qui l'aida à se départir de son attitude passionnelle avec elle, aidé en cela par le début de sa première histoire d'amour avec une fille de sa classe.

Parents et beaux-parents doivent avoir conscience du trouble qui peut exister chez les adolescents et de celui que peuvent générer chez eux ces mêmes adolescents. Ils ne doivent pas se sentir coupables des émois ressentis, mais doivent mettre en place un cadre qui fasse office de pare-excitation aux désirs.

La pression des ex

En plus de celle des enfants, le beau-parent est soumis à la pression de l'ex. Que l'on ait été à l'origine ou non de la rupture, il n'est pas aisé d'accepter que son ex vive avec quelqu'un d'autre. Un long amour meurt rarement de mort subite. Cette nouvelle union vient véritablement consommer la rupture. Pour celui ou celle qui a été quitté(e), ce sont ses espoirs de revenir comme avant qui se fracassent. La tristesse, l'amertume, l'acrimonie, la jalousie, toutes ces émotions qui ont escorté la séparation se déploient à nouveau. Pour celui ou celle qui a pris l'initiative de la séparation, il n'est pas facile non plus d'être indifférent(e) à cette nouvelle alliance de son ex. Rares sont les séparations où l'amour a été totalement digéré. L'annonce d'une mise en ménage ou d'un remariage est une secousse qui déclenche des renvois. Ces « rendus d'amour », prédigérés par l'acidité des conflits, ont l'aigreur du ressentiment.

□ Histoire de Stéphane

Stéphane a quitté Marie car elle ne lui donnait plus d'amour d'aucune sorte. Au début de leur histoire, elle ne pouvait pas cacher son amour pour lui. Elle avait quitté son premier mari pour lui et leur amour avait atteint son apogée dès le début. Il ne pouvait que décroître chez Marie la lunaire. Son absence d'amour pour lui, elle pouvait encore moins bien le cacher. Mais elle ne voulait pas de séparation, car une fille, Éléonore, était née de leur flamme. Quand Stéphane, délaissé, s'installa avec sa nouvelle compagne, Aurore, il recevait sa fille un tiers temps environ. Cette séparation s'était faite dans la tristesse, mais sans manifestation de colère. Puis, le cœur de Marie se mit à battre de nouveau pour un dénommé Laurent. Quand ils décidèrent de vivre ensemble, Stéphane le ressentit comme si sa blessure d'amour, en voie de cicatrisation, se rouvrait. Ses relations avec Marie devinrent orageuses. Il prétextait qu'il s'inquiétait de sa nouvelle façon d'éduquer Éléonore, lui reprochait de passer trop de temps avec Laurent au détriment de sa fille. La tension devint tellement vive qu'Éléonore se mit à faire des cauchemars et à souffrir de maux de ventre. Aucun de ces reproches n'était fondé, simplement, ce que Stéphane avait du mal à accepter, c'est que Marie en aime un autre.

Autant il avait pu faire le deuil de la mort d'un amour, autant il ne supportait pas que ce soit un autre qui profite de cet amour ressuscité. Lui si tempéré, il s'est mis à haïr ce Laurent, sans le connaître. Des entretiens séparés avec Marie et Stéphane (car ils ne voulaient pas venir ensemble), consultant pour Éléonore qui présentait des angoisses, permirent aux sentiments étouffés de s'évacuer. Ils mirent en évidence un repère aveuglant, mais pourtant un point aveugle pour Stéphane, c'est que sa mère avait quitté le foyer conjugal pour un homme pendant une période de six mois quand il était âgé de 5 ans. Cette passion consumée, elle avait regagné le domicile familial où son mari et ses enfants n'avaient jamais cessé de l'attendre. Sa mère n'avait jamais récidivé, mais n'avait jamais reparlé de cette aventure. Stéphane, de cette histoire aux allures de trou noir, n'avait que deux souvenirs : les larmes de son père et le prénom de l'amant de sa mère, Laurent !

Les réactions émotionnelles des uns ou des autres dans les situations de séparation sont volontiers sous-tendues par des histoires affectives singulières remontant aux années d'enfance ou d'adolescence. Quand on souffre de ne pouvoir sortir d'une séparation, il est souvent bon d'étudier, par une psychanalyse qui peut être brève, les liens du passé qui nous entravent et les ressources oubliées qui nous font défaut.

□ Les conflits de loyauté

Les enfants sont souvent la raison des reproches faits au nouveau partenaire, qu'ils soient justifiés ou que les enfants ne soient qu'un prétexte, comme dans l'histoire de Stéphane et Marie. Le parent non gardien a le sentiment d'être remplacé par le beau-parent. Ce sentiment est beaucoup moins présent dans les situations de garde partagée. Il témoigne

103

également d'un sentiment de culpabilité de ne pas être suffisamment présent auprès de son enfant ou d'être à l'origine du divorce. Il faut avoir réussi à prendre ses distances avec la séparation et être suffisamment sûr de soi comme père ou comme mère pour ne pas vivre les relations entre son enfant et son beau-parent comme une menace. Rare est dans la réalité l'image angélique de la famille recomposée où parents et beaux-parents discuteraient ensemble de l'attitude à adopter avec les enfants. Et pourtant, quel soulagement ce serait pour ces derniers ! Les enfants sont évidemment sensibles à ces ressentis et se refusent tout attachement et même parfois tout respect vis-à-vis du beau-parent, par loyauté envers leur parent. Cela se fait bien sûr au détriment de leur équilibre, car ils sont sous pression au quotidien.

Certaines règles difficiles à appliquer sont pourtant essentielles. Si on ne les respecte pas, jamais les enfants ne pourront se sentir bien. Les beaux-parents doivent respecter l'image du parent non gardien. Quoi qu'ils en pensent, ils ne doivent jamais porter un avis négatif sur sa personnalité, son attitude en tant que mari ou que père. Il n'est pas nécessaire qu'ils en disent du bien, simplement qu'ils n'en disent rien et qu'ils ne renchérissent pas si leur compagne critique son ex. À l'inverse, aux parents de ne pas critiquer a priori le partenaire de leur ex devant les enfants, comme ils ne doivent pas critiquer leur père ou mère. Si les enfants se plaignent du beau-parent, il leur faut prendre bonne note et en parler avec l'autre parent sans prendre d'emblée le ton du reproche. Bien sûr, en cas de suspicion de maltraitance et si aucun dialogue n'est possible entre les parents, une enquête pourra être demandée auprès des services sociaux ou de police. Les parents ne prendront pas toujours au pied de la lettre les critiques émises par les enfants contre le beau-parent. Celui-ci est pour eux un bouc émissaire aisé afin qu'ils puissent exprimer leur désarroi, leur frustration et leur colère, en lien avec l'inconfort de la situation de séparation et toutes les conséquences négatives qu'elle entraîne pour eux. Critiquer le beau-parent, c'est une façon détournée d'exprimer des reproches ou des doléances aux parents. C'est aussi pour faire plaisir à l'autre parent, et l'on pourrait traduire cela par : « Tu vois, je ne l'aime pas plus que toi, tu peux être rassuré. » L'enfant va parfois d'autant plus critiquer son beau-parent qu'il se sent coupable de s'attacher à lui vis-à-vis du parent de même sexe. Il faut beaucoup de force morale et beaucoup d'affection envers son enfant pour être capable alors de lui dire qu'il a le droit d'aimer son beau-père ou sa belle-mère.

□ Quand les parents s'entendent trop bien

Tous les couples ne se séparent pas dans un climat de haine. Il est des couples qui n'ont plus suffisamment envie de vivre ensemble ou qui n'ont plus assez de désir sexuel l'un pour l'autre, mais qui conservent une complicité, une tendresse, une amitié qui les unit toujours. Séparés, vivant avec un autre partenaire, ils continuent de se voir au-dehors, se rencontrent l'un chez l'autre et n'hésitent pas à s'échanger des mots d'affection. Ceux qui pourraient être gênés dans ces affaires de cœurs « mi-cuits », ce sont les nouveaux conjoints. Ils goûtent rarement ce maintien du lien affectif qui ne leur permet pas d'occuper véritablement leur place, ni auprès de leur amoureux (se) et encore moins auprès de ses enfants. Les enfants, eux, sont en général contents que la séparation n'ait pas tout « cassé », selon un verbe qu'ils utilisent souvent dans ces situations. Mais la nouvelle conjoncture leur semble floue. Mes parents sont-ils toujours ensemble ? Mais surtout, pourquoi se sont-ils séparés si c'est finalement pour rester aussi proches ? Cela donne du corps à leur espoir qu'ils revivent ensemble.

Bien sûr, derrière ces attitudes parentales, il y a une certaine insécurité affective et la difficulté à rompre avec le passé. En ce sens, elle n'est pas un bon exemple éducatif, puisque, dans la vie, on quitte toujours quelque chose ou quelqu'un. Mais ce n'est pas aussi perturbant pour les enfants qu'on peut le lire dans beaucoup d'articles sur la question.

Bien sûr, l'enfant peut s'interroger, tel Romain, 8 ans : « Mais maman, tu préfères papa ou ton nouveau fiancé ? » Il aurait pu lui être répondu que la vie amoureuse de sa mère ne le regarde pas et que lui, plus tard, il aimera à sa guise. La mère de Romain préféra lui apprendre que l'amour est un arc-en-ciel et qu'elle aime ces deux hommes, mais avec des couleurs différentes. À la suite de quoi Romain lui demanda : « Et moi, tu m'aimes de quelle couleur ? » Ce n'est pas le manque de clarté dans les caractéristiques de la relation entre ses parents qui fait souffrir un enfant, ce sont les humiliations et la discorde. Que ses parents continuent de se voir, de communiquer, comme un couple de parents et non plus d'amoureux, c'est essentiel pour l'enfant et cela annule la plupart des effets négatifs d'une séparation. Qu'il y ait des reliquats d'amour de leur relation de couple montre aux enfants que, dans le domaine des sentiments, le manichéisme n'a pas sa place. Il ne faut pas craindre d'enseigner les nuances aux enfants et leur faire croire que l'amour et l'amitié s'excluent l'un l'autre. Les enfants préfèrent que cette route où se déroulait l'amour unissant leurs parents donne naissance à un chemin de terre plutôt qu'elle s'arrête au bord d'un précipice.

Mais les parents doivent veiller à ce que les enfants, excités par leur plaisir à voir le lien maintenu entre leur père et leur mère, ne perçoivent d'autant plus le beau-parent comme un rival à éliminer. Toutefois, dans les faits, cette entente ne favorise pas plus l'animosité vis-à-vis du beau-parent que lorsqu'il existe des conflits persistants entre les parents. Mais, si le beau-parent devient jaloux de la trop grande attention portée au crédit de l'ex-conjoint, cela nuira à l'harmonie relationnelle de la famille recomposée.

6

La coparentalité, ça s'apprend

La coparentalité, c'est faire survivre le couple de parents dans la tête et le cœur de l'enfant, alors que le couple de mari et femme s'est dissous. La relation coparentale ne doit pas être détruite par la séparation conjugale. Il faut la remodeler, comme un enfant reconstruit une nouvelle maison avec les Legos d'une construction précédente défaite. La coparentalité est ce qui permet à l'enfant de ne pas « trinquer » lors de la séparation parentale. Elle lui permet de conserver une image de soi non altérée. Les deux moitiés du médaillon de son identité restent en correspondance. Elle implique une coopération dans le partage des responsabilités parentales et une communication concernant la prise de décisions relatives à l'enfant. Le respect des ententes établies en est le corollaire.

Face à la justice

La coparentalité de parents séparés de corps doit débuter alors que les procédures judiciaires sont en cours. La justice a la réputation d'être lente et, tant que le jugement n'est pas prononcé, les relations sont souvent tendues. Les questions matérielles sont classiquement mises en avant pour justifier les désaccords et les querelles. Si le matérialisme des uns et des autres existe bel et bien, c'est aussi parce qu'il est plus facile de compter en argent que de mesurer un dol affectif. La réforme du divorce datant de 2004 permet de rendre les procédures de divorce moins longues, mais la lenteur de la justice pose aussi la question des moyens qui lui sont alloués.

Cette période peut être mise à profit pour entamer une réflexion dans un couple qui aurait décidé de façon impulsive de se séparer et qui serait susceptible de faire marche arrière. Elle peut aussi permettre à l'enfant de se préparer à la nouvelle situation. Mais, pour cela, il faut que parents et enfants bénéficient d'un accompagnement les éclairant dans leurs démarches personnelles, les conseillant sur les solutions et alternatives possibles à leurs difficultés personnelles, de couple ou familiales.

□ L'enfant et la justice

Il ne faut pas que l'enfant soit mêlé aux échanges entre ses parents dans le cadre des procédures judiciaires de la séparation. S'il peut être informé de vos rendez-vous devant le juge et des notions de tentative de conciliation, il ne sera informé que des décisions définitives qui le concernent directement. Il ne sera pas mêlé aux plaidoiries, on lui taira la verdeur des échanges qui ont pu se faire entre ses parents devenus deux justiciables, et il n'aura pas accès aux courriers parfois violents qui ponctuent la procédure ou les rapports d'enquête sociale. C'est encore plus nécessaire dans les divorces pour fautes, où chacun a intérêt à déceler, ou inventer, et déclamer les failles de l'autre. Il sera dit à l'enfant que, quand les parents n'arrivent pas à s'accorder sur les modalités de garde, les prestations compensations ou les aspects matériels, c'est au juge de décider et de prendre les mesures, comme la loi le lui demande, dans l'intérêt de l'enfant. Il pourra être sollicité pour donner son point de vue au juge ou à un expert. Dans ce dernier cas, il sera averti que ses propos ne seront pas gardés secrets, afin qu'il ait conscience de l'importance de ce qu'il dit. J'ai souvent eu du mal avec les enfants qui passent devant un psychiatre ou un psychologue dans le cadre d'une expertise. Car, non avisés, ils imaginaient que c'était comme avec moi, que le secret était gardé, et ils ont ensuite été choqués d'apprendre que ce qu'ils avaient dit pouvait être lu par les deux parties. N'ayant plus confiance dans les psys, ils deviennent réticents à se confier à nouveau.

L'enfant peut aussi, bien sûr, avoir son propre avocat qui peut jouer un grand rôle de protection psychologique et servir également de médiateur avec les parents. Si on est déçu en tant que parent des attendus du jugement, on pourra le confier à ses enfants, mais on se gardera de tout jugement de valeur sur la fonction judiciaire. Il doit entendre que le juge ne déclare pas un parent meilleur qu'un autre, mais simplement que, compte tenu des informations qu'il a recueillies, il lui apparaît que l'intérêt de l'enfant va dans le sens qu'il a décidé. L'enfant doit savoir qu'on respecte un jugement, mais qu'on peut aussi faire appel.

Un travail sur soi indispensable

Habitués tous deux à fonctionner comme parents sous le même toit, soumis au lien conjugal, ils vont devoir chacun de leur côté adapter leurs fonctions parentales et les réactualiser une fois séparés. C'est l'enfant qui dorénavant fait la famille, car ce sont les liens parentaux qui apparaissent indissolubles face à la précarité du lien conjugal. C'est un défi pour les deux parents, car cela implique d'établir une véritable dichotomie entre son ancien partenaire, qui veut se séparer ou que l'on quitte, et le parent de son enfant avec lequel on doit rester en partie lié. Cela impose de réussir, grâce à une réflexion sur soi, à différencier les liens parentaux et les liens conjugaux. Quand on s'adresse à l'autre parent, ou quand on parle de lui devant l'enfant, est-ce bien de lui ou de l'ex dont il est question ? On peut s'aider en imaginant qu'il s'agit d'une relation de travail. On a un projet de travail à faire en commun avec son ex : le travail éducatif. Parfois il faut lui rappeler, ou se rappeler, qu'on ne parlera que de travail et pas d'autre chose.

□ Une confiance en soi mise à mal

Maintenir des relations courtoises avec le père ou la mère de son enfant quand on a tant de griefs à l'endroit du mari ou de la femme qu'il ou elle était, réclame un véritable travail sur soi, mais aussi sur les autres, les membres de son entourage, qui ne poussent pas toujours à l'apaisement des conflits. On ne reconnaît plus la personne qu'on a aimée. On se sent trahi. On a un lourd ressenti de perte, de tout ce qu'on a misé en l'autre, de ce qu'on lui a confié, de nos illusions aussi. C'est vrai également pour celui qui part. On rend l'autre en partie responsable de son propre dés-amour et on lui en veut pour cela. En vouloir à l'autre, c'est bien sûr pour éviter de s'en vouloir trop à soi-même. « Il m'a pris un tiers de ma vie, il n'aura pas en plus les enfants », ai-je entendu de la bouche d'une femme éplorée.

Pourtant, après un deuil d'amour, on doit aussi penser à sauver sa peau et, pour cela, il faut accepter de laisser ce grand morceau de « soi » en l'autre. Chercher à détruire l'ex par rancune ne permettra pas de récupérer ce soi. Il sera détruit avec. Dites-vous que les enfants seront les héritiers et donc les garants de ce « soi » perdu.

☐ Savoir évoquer les bons moments

La fin d'une histoire d'amour n'est pas un échec. On évoque tout le temps devant les enfants l'échec du couple, auquel on donne des causes sorties de la boîte des « choses toutes faites » : « On n'était pas faits l'un pour l'autre », « On était trop différents » d'âge, de nationalité, de religion, d'éducation et pourquoi pas de sexe ! Ou pire, on annonce que l'on s'est trompé, qu'il ou elle a caché son jeu. Bref, on désavoue tout ce qui a été, pour mieux supporter que cela ne soit plus. Mais c'est insupportable pour l'enfant d'entendre que le terreau de son existence n'était que contrevérité, erreur ou déception ! Il faut se dire et dire à l'enfant que la fin d'une histoire d'amour, comme la fin d'une vie, est un moment de cette histoire, mais qu'elle ne la résume pas. On évoque beaucoup trop ce moment en cherchant à le justifier, car on se sent coupable, aux dépens des autres temps de cette histoire. L'enfant ne voit plus que l'arbre de la discorde qui cache la forêt de l'épopée. Il faut, là aussi, faire un travail sur soi pour réussir à aborder avec l'enfant les bons moments, les lui rappeler pour qu'il ne croie pas les avoir rêvés, pour qu'il ne les oublie pas non plus. Si ces évocations déclenchent des larmes de nostalgie, il faut les accepter car elles témoignent que nous sommes des êtres humains. À défaut de voir le jour, ces larmes s'acidifient et coulent à l'intérieur, endommageant la sensibilité et les souvenirs. En effet, j'ai remarqué qu'un divorce conflictuel, de même qu'un deuil, efface beaucoup de souvenirs (parfois tous) et crée un véritable trou noir dans la vie des enfants concernés.

□ Histoire de Marie

Mon collègue le Dr Valet Gilles Marie, qui pratique l'hypnose médicale, a changé la vie d'une femme adulte qui avait une estime de soi déplorable et une vie sentimentale totalement insatisfaisante, n'arrivant pas à rencontrer d'homme qu'elle puisse aimer. Ce praticien émérite lui permit de retrouver, grâce à l'hypnose, ses souvenirs d'enfance. Ses parents avaient divorcé quand elle avait 8 ans. Les conditions du divorce avaient été épouvantables : conflits, règlements de comptes, procédures judiciaires qui n'en finissaient pas, et aucun accompagnement psychologique de l'enfant. La haine n'avait ensuite jamais quitté ses parents jusqu'à leur décès survenu, hasard morbide, pour tous deux la même année, celle des 30 ans de la patiente. C'est dans les suites de ce deuil que cette femme consulta. Elle revécut, grâce à l'hypnose, les années qui avaient précédé la séparation et découvrit, stupéfaite, la paix et l'harmonie qui régnaient alors chez elle. Surtout, elle retrouva les souvenirs d'amour et de tendresse qui unissaient ses parents avant leur séparation. Elle comprit, par le travail d'anamnèse, que le décès de sa grand-mère avait généré une dépression chez sa mère, dépression non soignée et à l'origine d'une conduite d'alcoolisation. Dans ce contexte, son père avait eu une relation adultère qui avait déclenché la séparation et un engrenage de malentendus qui se sont poursuivis jusqu'à la mort. Cette patiente prit conscience qu'elle était le fruit de l'amour, et non une pomme de discorde, et que, même si cette histoire n'avait duré que huit années sous cette forme paisible, elle la portait en son sein. Cela fit naître en elle une véritable confiance en sa valeur, et en l'amour. La suite de cette histoire est qu'elle rencontra, quelques mois plus tard, celui qu'elle appelle désormais l'homme de sa vie.

□ L'enfant, fruit de nos différences

On se gardera de dire à l'enfant que ce sont les différences entre ses parents qui ont provoqué leur désunion. Il est d'ailleurs étonnant de constater que c'est souvent ce qui a participé à l'attirance qui est mis sur le compte de la rupture. L'amour se nourrit de la différence et de la compréhension de cette différence. L'enfant est le croisement de ces différences, comme il est le croisement des différences génétiques. Renier cette compatibilité, c'est renier le fondement même de l'existence de l'enfant et lui faire croire qu'on ne peut s'unir qu'avec son double. Plutôt que de donner de fausses raisons à la séparation, n'en donnons pas. Mais ne décrions pas un amour qui s'est éteint. Dites plutôt à l'enfant : « Cet amour, nous l'avons porté tous les deux, ton père et moi, chacun à sa façon, tantôt plus lui que moi, tantôt l'inverse, tantôt d'un côté, tantôt de l'autre, dorénavant on ne veut plus le porter ensemble, à toi de le faire, maintenant il t'appartient. »

Pour vous, il faut faire de cette séparation, comme dans toute crise de l'existence, une occasion de vous changer, de vous réaliser autrement si vous le souhaitez ou, peut-être, d'aller davantage vers vous-même. De votre bien-être dépendra une bonne coparentalité.

Des règles d'or

Le divorce est, juste après un deuil, le deuxième facteur le plus important dans l'échelle du stress. Un procédé courant est de se décharger de son stress en agressant l'autre, et l'ancien conjoint est alors tout désigné. Il est évidemment conseillé d'enquêter sur d'autres moyens de soulagement afin de rendre cette coparentalité viable. Accepter de ne pas avoir toujours raison dans les discussions concernant l'enfant, c'est justement faire preuve de raison. Il ne faut pas laisser les attitudes de prestance et d'amour-propre diriger vos échanges avec l'autre parent de votre enfant. On a souvent tort dans la manière que l'on a d'avoir raison, notamment si elle blesse l'interlocuteur.

□ Mettre de l'huile dans les rouages

Si les modes d'éducation divergent, on n'en fera pas un enjeu de conflit, ce qui renforcerait le clivage. Car les anciens amants, pour mieux se séparer, cherchent à se différencier à outrance, effrayés par l'ambivalence de leurs sentiments l'un envers l'autre. Au début d'un divorce, on se dit des choses horribles pour mieux se décoller, cela peut d'ailleurs être expliqué à l'enfant qui est souvent sidéré par la violence du rejet. Les modes d'éducation ne doivent pas être utilisés pour maintenir cet espacement des cœurs meurtris. Si la tension électrise l'atmosphère, on se gardera, attendant des jours plus favorables, de critiquer de front les méthodes de son ex-partenaire. On travaillera en revanche sur l'entre-deux, c'est-à-dire sur la façon d'assurer le relais d'un mode éducationnel à un autre. Pour cela, on informera l'autre parent des points qui nous semblent primordiaux à transmettre : les règles en cours chez soi (par exemple : les devoirs avant le dîner, le coucher à 21 heures, la télé uniquement le week-end, etc.) et les grands principes (la réussite scolaire, l'éducation religieuse, l'épanouissement personnel, la politesse, la pudeur, l'expression de sa vie émotionnelle...). Informé en retour des principes que l'autre parent compte appliquer, on s'adaptera. Par exemple, si le père refuse de s'occuper des devoirs le week-end, considérant que c'est à l'enfant de gérer seul ses devoirs, et que, soi-même, on pense l'inverse, on se chargera de faire avec lui le gros du travail pendant la semaine. Si les devoirs ne sont plus un motif de disputes, on sera peut-être surpris de constater que, chez son père, l'enfant fait ses devoirs de façon autonome. On travaillera aussi en commun à propos des passages d'un domicile à l'autre afin de les rendre les moins traumatisants possible. C'est un motif fréquent d'altercation tant que l'enfant n'est pas autonome pour se déplacer. L'enfant ne comprend pas ces chicanes, surtout quand on lui a dit que la séparation avait pour but d'arrêter les conflits.

□ Penser au bien-être de l'enfant

Le respect des jours de garde attribués et des heures de passage est, bien sûr, un élément fondamental dans la coparentalité ; mais c'est justement parce qu'il est un point clé qu'il est si souvent malmené et soumis à pression. Des actes manqués incessants empêchent trop souvent le respect des horaires. Il faut sortir de ce piège à querelles qui aggrave en écho les tensions internes que l'enfant ressent déjà à chacun de ces changements de lieu, les vivant en interne comme de véritables changements d'état d'être. Certains font le choix du passage via l'école ou via les grands-parents, quand ces derniers sont disponibles et ont maintenu une position suffisamment neutre. Face à un parent inconstant, que l'on ne changera pas et qui renforce son comportement négatif quand on se braque, on cultivera toute la souplesse psychologique et affective qui est en soi. Des solutions de rechange seront envisagées. Une négociation est parfois possible avec les grands-parents qui acceptent de recevoir l'enfant quand leur propre enfant fait défaut. D'autres membres de l'entourage du parent défaillant peuvent être mis à profit. Il n'est pas indispensable que le temps du père, par exemple, se passe en présence du père. Ce temps est aussi un temps qui permet à la mère d'être sans ses enfants, pour s'occuper d'elle notamment.

Enfin, rappelons combien le maintien d'une communication entre parents concernant l'emploi du temps de l'enfant est essentiel pour le bien-être. Les parents dissociés n'ont guère envie d'informer leur ex-conjoint de leurs faits et gestes. Pourtant, quand l'enfant sait que ce qu'il vit avec chaque parent est su par l'autre, il se sent plus serein et plus équilibré. C'est comme s'il gardait ses deux parents à l'intérieur de lui en permanence. On ne fera pas de son enfant un enfant facteur chargé d'assurer la communication entre ses parents, le laissant souffrir ainsi d'être le messager de la discorde.

L'enfant comme compte joint

La coparentalité s'exerce donc essentiellement vis-à-vis de son enfant. Il s'agit de lui expliquer qu'il doit, autant que possible, faire la sourde oreille quand il entendra ses parents se disputer à son sujet. On lui dira qu'il est à chacun ce qu'il a de plus précieux et qu'on est toujours tendu quand on confie ce à quoi l'on tient le plus à quelqu'un. Vous lui direz aussi, au cours du divorce, que vous-même n'allez pas être tout à fait vous-même pendant une bonne année. Que c'est aussi pour vous une période de crise et qu'il est possible que vos paroles dépassent vos pensées ; vous pouvez lui en demander pardon par avance si certaines le blessent. Invitez-le, s'il ne sait plus où il en est, à se souvenir de ce que ses parents attendaient de lui avant la séparation. Mais vous veillerez en même temps à ce que l'enfant n'imagine pas que vos retrouvailles dépendent de son comportement.

J'ai reçu Camille, 9 ans, accompagnée de ses deux parents séparés depuis deux ans. Leur divorce s'était fait à l'amiable et, si aucun des deux ne s'était remis en ménage, ils se portaient bien et ne regrettaient pas leur décision. La séparation, faite pourtant sans conflit, a déclenché chez Camille des troubles à répétition. Elle présentait tantôt des difficultés somatiques sans cause physique décelée (maux de ventre, migraines), tantôt des troubles du comportement à l'école, variables dans leur expression et dont le seul point commun était leur rapide résolution provisoire après convocation des parents. En fait, il apparut que, après chaque incident, les parents se réunissaient, à l'hôpital ou à l'école, rencontrant médecin ou enseignant, et passaient parfois du temps ensemble pour déjeuner ou dîner. En fait, Camille orchestrait inconsciemment ces retrouvailles avec l'espoir secret de réunir à nouveau ses deux parents au chevet de ses difficultés.

Il n'est pas facile d'accepter les modifications de valences affectives chez l'enfant. Mais il faut savoir qu'elles sont normales dans le cadre du remaniement que déclenche la séparation. Telle fillette qui était jusqu'à présent collée à son père va, au cours de la séparation, devenir beaucoup plus complice avec sa mère et se mettre à lui ressembler davantage. Pour mieux comprendre ce type de comportement, on peut considérer la famille comme un système et l'ensemble des relations affectives au sein de ce système comme autant de forces électromagnétiques qui assurent un équilibre ; la rupture du lien conjugal modifie l'ensemble et une réorganisation des forces se met en place.

□ Différencier le « je » du « nous »

On tentera d'éviter un écueil fréquent qui fait obstacle à la coparentalité et au bien-être de l'enfant, c'est le processus de continuité avec son enfant. Il s'agit de l'impossibilité pour le parent lésé de différencier sa douleur de celle de l'enfant. La phrase type étant : « Ton père nous a quittés. » Dans les

119

séparations, il faut éviter de remplacer le « je » par le « nous ». Le « nous » doit désigner pour l'enfant lui, sa fratrie et ses deux parents qui ne le quittent pas en se séparant. Le soi perdu du deuil d'amour fait qu'on s'accroche à son enfant comme à cet amour perdu et qu'on le prive d'une possibilité d'émancipation. Cela peut aller jusqu'à un processus d'aliénation parentale, où le discours de l'enfant ne se différencie pas de celui du parent qu'il protège.

On prendra garde également à ne pas faire de l'enfant un cahier des charges des litiges de l'ancien couple qui n'en finit pas de rester lié dans le conflit : « Tu pourrais lui acheter un nouveau cartable avec tout l'argent que je te donne ! », « Tu pourrais lui payer les consultations du psychologue, c'est quand même à cause de toi qu'il doit y aller ! » Même si ces réflexions sont justifiées, on les épargnera à l'enfant qui, sinon, se jugera totalement responsable du déchirement existant entre ses parents.

On ne laissera pas non plus l'enfant prendre des décisions lui-même quand ses parents ne parviennent pas à un accord. Il n'est pas sain que ce soit l'enfant qui décide s'il peut se rendre ou non chez son père tel week-end, par exemple, ou décide si sa mère peut recevoir ou non son nouveau compagnon. On verra plus loin comment réagir face à un enfant qui devient manipulateur pour mieux diriger ses parents.

Entre colère et fausse bonne entente

La colère est à son aise dans les relations qui initient la coparentalité de parents nouvellement séparés. Si elle aide à supporter la perte en soulageant la tension, elle n'est jamais bonne conseillère. Quand elle menace l'intégrité de l'autre, elle est alors violence. « Pour calmer autrui, commence par te calmer », dit l'adage. Mais fuir la colère ne doit pas conduire à rompre la communication. Plus le contact sera rare, plus il risquera d'être tendu. Le maintien d'un lien, au minimum hebdomadaire, assure une bonne continuité. La parole est meilleure que l'écrit, surtout en période de procès, car, craignant que les lettres ne soient remises à l'avocat, on s'y montre volontiers froid et cassant. Il ne faut pas se leurrer, la grande majorité des séparations s'accompagnent de discordes et la coparentalité consiste surtout à apprendre à gérer ces conflits et à maintenir une communication, malgré leur présence, dans l'intérêt de l'enfant. Et l'on peut communiquer sans être complices.

Mais il ne faut pas tomber dans la chausse-trape de la trop bonne entente conventionnelle. Si les bourrasques émeuvent, la brume est propice à l'égarement. La trop bonne entente peut, comme la brume, être un facteur de confusion pour l'enfant. Il est des couples qui, malgré la séparation, restent complices et se revoient dans le cadre d'une coparentalité, avec un vrai lien d'amitié ou presque de parenté. Mais, dans d'autres situations, ces rencontres autour de l'enfant ont un caractère artificiel. Surtout de la part du parent délaissé. Ce maintien absolu du lien entre ex au nom de la coparentalité, fait de partages de repas l'un chez l'autre, d'après-midi ou de soirées ensemble, peut empêcher celui des deux parents qui est le moins moteur dans la séparation de prendre acte de celle-ci. Si l'un conserve le bénéfice de garder presque comme avant « sa » famille, tout en ayant une nouvelle histoire d'amour et le projet possible d'un nouveau foyer, l'autre se retrouve avec le deuil impossible d'un lien conjugal qui n'est plus et une nouvelle vie qui n'a pas de place pour se faire. Honoré, 6 ans, et Mathilde, 8 ans, ont leurs deux parents séparés depuis trois ans. Après la séparation, leur père s'est remis en ménage avec une autre femme qui a elle-même un enfant, tandis que leur mère continue de les élever seule. Les deux parents, tous deux médecins, ont maintenu des liens pour le bien des enfants. Ils dînent ensemble deux fois dans la semaine. Ils passent souvent des après-midi le week-end ensemble, en présence de la nouvelle compagne du père. Mathilde, que je reçus pour des difficultés scolaires, me déclara que son père avait deux femmes et qu'elle craignait qu'il n'aille en prison, car elle avait entendu à la télévision que la polygamie était interdite en France. Le flou relationnel entre ses parents, dénué de conflits ou de paroles éclairantes, a laissé penser à Mathilde que son père était bigame.

□ **Les bénéfices de la médiation**

Il ne faut pas, au nom du maintien du lien parental, camoufler la séparation conjugale aux yeux de l'enfant. Percevant qu'il devient le lien de ses parents en coparentalité, il croit plus que jamais qu'il a une influence ou a eu une influence sur le lien de conjugalité qui a été et qui pourrait être encore dans son imaginaire d'enfant. Affirmer la séparation conjugale est aussi le moyen de faire renoncer l'enfant à la croyance en son pouvoir sur l'intimité relationnelle de ses parents.

Accepter d'écouter les conseils d'un tiers, en particulier un professionnel de l'enfance, est un signe que l'on a à cœur l'intérêt de l'enfant et la marque d'une force de caractère, tant il est plus simple de se contenter de suivre ce que l'on prend pour son instinct et qui n'est que de l'égocentrisme. Les services publics ont un rôle à jouer dans cette coparentalité. Il ne s'agit pas que de la sphère privée, mais aussi de la santé et de l'éducation des enfants. Ce sont les services de la justice qui sont les plus sollicités et qui font aussi office de conseils. Les parents attendent inconsciemment beaucoup plus de l'image du juge que simplement trancher pour l'intérêt de l'enfant. Ils espèrent un règlement de leurs différents mouvements émotionnels et sont souvent déroutés par certaines décisions, se sentant lésés ou incompris, ce qui renforce leur animosité vis-à-vis de leur ex-conjoint et vis-à-vis de la justice. Les services de médiation familiale remplissent une fonction fondamentale et restent sous-utilisés. Ils ont pour tâche de maintenir, de rétablir et d'améliorer la communication entre les parents afin d'aider à mettre en place l'organisation future autour de l'enfant. Plus en amont d'une séparation, je milite pour le développement de consultations d'aide à la parentalité dans les dispensaires (centres médico-psychologiques notamment). Elles ne seraient d'ailleurs pas destinées qu'aux couples séparés et éviteraient, en tout cas, nombre de séparations sous-tendues par des difficultés à être parents ensemble. Mais une fois la séparation prononcée, elles seraient un lieu d'aide et de soutien aux nouvelles fonctions de parents séparés.

Le facteur souffre toujours deux fois

Quand la communication ne passe pas entre les parents, c'est malheureusement l'enfant qui a trop souvent à charge de faire circuler les informations. La neutralité des propos est rarement de mise et l'emballage du colis est composé de reproches directs ou déguisés. Morceaux choisis : « Tu pourrais dire à ton père que je ne suis pas sa bonne et qu'il pourrait laver lui-même les affaires que tu rapportes à la maison ! », « Tu diras à maman qu'elle arrive à l'heure la prochaine fois », « Tu diras à ta grand-mère qu'elle peut garder ses remarques pour elle ! » À ces consignes s'ajoutent des paroles en l'air visant l'autre parent ou sa famille et que l'enfant, habitué à jouer ce rôle, se croit tenu de rapporter. Dans l'Antiquité gréco-romaine, le messager porteur de mauvaises nouvelles risquait sa peau. On pouvait le tuer s'il annonçait par exemple une défaite, ce qui montre à quel point il est difficile de différencier le messager de son message. Symboliquement, il en est de même avec l'enfant facteur de ses parents.

◻ Les souffrances de l'enfant messager

L'enfant messager est fréquemment altéré par le contenu de ces dépêches. Il se croit responsable de la parole qu'il porte et donc aussi des réactions de colère, d'agacement ou de tristesse qu'elle suscite chez le parent réceptionniste. Les conséquences sont que l'enfant va être angoissé à chaque message adressé par un parent à l'autre et qu'à chaque fois il aura à transmettre. Il va vivre sa propre parole comme potentiellement dangereuse. D'où de fréquentes inhibitions à s'exprimer à la maison, mais aussi dans le champ scolaire et social. L'enfant facteur en vient à retenir sa langue pour ne pas provoquer de dégâts.

À ces inhibitions s'ajoutent des inhibitions à entendre et à voir. L'enfant facteur va mettre en sourdine sa curiosité, car il souffre de ce qu'il entend et qu'il pense devoir rapporter. Ces deux inhibitions peuvent s'aggraver en inhibition à penser et à agir, ce qui a de graves conséquences autant scolaires que sociales. L'enfant chargé de transmettre des propos peut se croire tenu de jouer les diplomates en modifiant partiellement les contenus des correspondances afin d'en modifier l'impact et d'améliorer le climat relationnel. Mais alors, ayant agi sur les termes, il se jugera encore plus coupable des réactions négatives de la partie adverse. Et son estime de soi pâtira de ses qualités diplomatiques qu'il considérera comme bien piètres.

L'enfant, à l'inverse, peut jouir du pouvoir que ce rôle lui octroie. Il peut aller jusqu'à « érotiser » cette fonction, c'est-à-dire l'inscrire dans la dynamique affective de son caractère, ce qui peut entretenir des traits pervers. Il s'imagine alors à la place du père ou de la mère en colportant leurs paroles à l'autre avec lequel il s'imagine dans un lien de couple ; couple en conflit, certes, mais couple tout de même à ses yeux. Il lui arrive, excité par sa puissance nouvelle, de mettre de l'huile sur le feu, attisant les dissensions entre ses parents. Il risque alors de se brûler psychologiquement au feu de son désir incestueux. En effet, son excitation est d'autant plus marquée que les conflits sont anciens. Ceux-ci sont devenus pour lui le mode de relation normal au sein du couple de ses parents au même titre que les câlins, la tendresse et les relations d'amour chez d'autres. Sur le plan imaginaire, l'enfant se situe alors dans une sorte de triolisme où les conflits passionnés dans lesquels il est partie prenante sont pour lui des équivalents sexuels.

Certains enfants parviennent à refuser d'endosser ces habits de facteur. Mais ils n'ont d'autre choix que de le faire de façon radicale. Pour cela, ils décident de ne rien communiquer de ce qui se passe en tout lieu. Ils verrouillent leurs dires et les parents se trouvent confrontés à des enfants dont ils ne savent rien de ce qu'ils font en dehors d'eux.

□ Comment communiquer avec l'autre parent

Les parents doivent être attentifs à ne pas faire jouer cet emploi à leur enfant. Ne lui demandez pas de transmettre quoi que ce soit à l'autre parent, si ce n'est des compliments. Pour le reste, utilisez des textos, des mails, le courrier postal, d'autres intermédiaires, des plis cachetés éventuellement, mais, dans ce cas, le parent réceptionniste veillera à les lire en dehors de la présence de l'enfant et se gardera de commentaires négatifs devant lui. Il ne faut pas non plus le laisser écouter vos conversations téléphoniques avec votre ex, ni quand il est question d'elle ou de lui dans vos échanges avec d'autres. Ne le laissez pas non plus lire votre courrier au nom d'une nouvelle tendance désastreuse pour l'équilibre des enfants qui est de « ne rien leur cacher ». Les enfants ne doivent jamais être pris ni à témoin, ni comme juges, en ce qui concerne vos liens de coparentalité. Trouvez d'autres interlocuteurs ! Il vous faudra aussi surveiller vos propos lancés en l'air en sa présence ou, si le mal est fait, les rattraper en vous excusant de les avoir proférés s'ils sont péjoratifs envers le parent concerné. Si votre enfant vous rapporte des paroles jugées par vous offensantes ou irritantes, gardez votre calme ! Ravalez votre colère et soit ne répondez rien, soit dites-lui calmement que vous préférez que votre père s'adresse directement à vous.

Le rôle des grands-parents

Le drame pour les enfants, c'est quand leurs grands-parents oublient qu'ils le sont et qu'ils se contentent d'être des beaux-parents qui, de surcroît, prennent parti. Alors, la séparation n'est plus simplement celle du père et de la mère, mais devient celle de deux familles élargies qui s'affrontent. Les questions matérielles et de patrimoine alimentent fréquemment des prises de positions partisanes et virulentes. Le père de Paul-Émile est cadre supérieur dans une grande entreprise familiale. Il a épousé quelques années auparavant la fille du PDG de cette société. Son amour lassé par les incartades de cette dernière, il décide de se séparer. Quand son divorce est annoncé, il reçoit peu de temps après sa lettre de licenciement. Il a dû, au cours de la procédure, changer d'avocat, car il a eu vent que son avocat était payé en sous-main par la partie adverse pour ne pas servir au mieux ses intérêts. Il n'a pas pu, au bout du compte, obtenir

126

la garde alternée qu'il souhaitait. Paul-Émile, l'héritier, est resté dans la Famille.

Mais, parfois, les questions matérielles ne sont qu'un prétexte pour illustrer des mouvements affectifs difficiles à contrôler. Il est plus facile de parler ou de mesurer son dol en termes financiers qu'en termes affectifs. Les sentiments se pèsent moins facilement que l'or et l'argent. Quand le conflit de couple s'étend en guerre familiale, l'enfant en est d'autant plus touché qu'il ne peut plus trouver dans son entourage d'îlot de paix. De plus, suivant l'exemple des adultes, il se sent dangereusement contraint de choisir un camp. Ce sont les séparations les plus traumatisantes pour l'enfant. Différentes combinaisons sont possibles et il arrive que des alliances se fassent entre un parent et sa belle-famille. Les parents d'Éthan avaient offert à leur fils la succession de leur magasin de meubles à Paris quand il s'est marié avec Myriam. Les deux tourtereaux ont beaucoup travaillé et ont fait prospérer l'affaire déjà florissante. Leurs deux filles ne manquent de rien. Les parents d'Éthan savourent leur retraite paisible et leur vie de travail récompensée. Quand, coup de tonnerre dans ce ciel serein, Éthan quitte son foyer pour aller vivre avec une autre femme. Celle-ci tient un grand salon de coiffure dans le sud de la France. Éthan envisage de tout quitter et de s'installer dans le Sud pour vivre et travailler avec elle. Les parents d'Éthan se sentent trahis par leur fils. Ils soutiennent leur bru de tout leur cœur et vouent aux gémonies leur ingrat de fils qu'ils ne veulent plus voir.

Dans ces situations, l'autre parent rompt doublement avec son passé, voyant ainsi son mal-être redoubler, au détriment évidemment de ses qualités relationnelles avec l'enfant. Du côté des grands-parents, dans les situations de séparation, il y a la crainte de perdre contact avec leurs petits-enfants. Ils craignent aussi de perdre une partie de leur patrimoine légué à leur enfant et placé en dot dans les biens communs.

Ils peuvent se sentir eux-mêmes trahis par leur gendre ou leur bru qu'ils avaient accueilli(e) comme leur « enfant ». Il arrive qu'ils acceptent mal que leur enfant, ou son partenaire, casse la famille, simplement pour une histoire d'amour. C'est d'autant plus vrai qu'eux-mêmes ont conduit leur vie de couple jusqu'au bout, sans se poser trop de questions existentielles sur l'amour, avec des sacrifices et peut-être aussi... des regrets. Ne jamais couper le fil du dialogue avec eux est la clé pour éviter des ruptures à tous les étages. Quand le premier étage est inondé, il faut que les enfants puissent monter aux étages supérieurs, ceux de leurs grands-parents, et le maintien des relations entre parents et grands-parents est l'escalier qui permet ce passage.

□ L'Arche de Noé

Les grands-parents ont un rôle fondamental à jouer. Ils peuvent en pratique accueillir les enfants pendant les périodes de crise, leur évitant ainsi d'assister aux tensions, aux violences et aux mots qui blessent. J'ai suivi un enfant dont les quatre grands-parents s'étaient conduits de façon remarquable. Alors que les parents se déchiraient la garde de l'enfant, les grands-parents maternels ont proposé de l'accueillir chez eux. Le père s'y est opposé dans un premier temps, mais l'intervention de ses propres parents a fini par le convaincre de la nécessité d'offrir un cadre serein à son fils en attendant que la justice se prononce et que les tensions s'apaisent.

□ Respecter l'image des parents

S'il n'y avait qu'un conseil à donner aux grands-parents, ce serait de ne jamais dire du mal des parents devant l'enfant. Cela semble une évidence et, pourtant, cette prescription est rarement respectée. Toute diatribe contre le père ou la mère est ressentie par l'enfant comme une atteinte personnelle. Et ce, quand bien même l'enfant semblerait adhérer à ces reproches. L'enfant, et plus il est jeune, plus il y est sensible, ressent ces attaques dans toutes les parties de sa personnalité où il s'est identifié au caractère, aux comportements ou aux discours du parent concerné. Cela demande un effort constant de la part de l'entourage des grands-parents qui sont choqués par des attitudes qui chagrinent leur enfant et leurs petits-enfants. L'enfant perçoit douloureusement les petites phrases assassines lancées à la volée quand on pense qu'il n'écoute pas, le crachin de paroles désobligeantes et acerbes à l'encontre d'un de ses parents, les mimiques crispées et les regards noirs quand l'enfant évoque ce parent. Sa douleur est d'autant plus vive que tout cela émane de personnes qu'il aime et qu'il respecte. Les jugements portés par les parents ou les grands-parents ont force de lois pour l'enfant qui n'a pas toujours le recul nécessaire pour y voir des mouvements d'humeur. Et puisqu'il est difficile de garder le silence, qu'au moins les paroles exprimées ne dérapent pas. Il est plus sage de critiquer un acte, un comportement, une parole qu'une personne. Il vaut mieux dire à son petit-fils qui nous rapporte des propos dérangeants : « Ta mère est dépendante de l'alcool. C'est une maladie difficile à soigner. Cela change le caractère des gens, c'est pourquoi elle oublie parfois comment bien faire son métier de maman », que : « Ta mère a toujours été une alcoolique. » Ou bien on dira : « Je ne suis pas d'accord avec ce que mon ex-gendre a dit. Moi à mon enfant j'aurais plutôt dit ceci... Mais c'est lui ton père, ce n'est pas moi », plutôt que : « Ton père, cet idiot, dit vraiment n'importe quoi. » Que les grands-parents, qui ne sont pas capables de se retenir, critiquent en nommant leur ex-gendre ou leur ex-bru, plutôt que le père ou la mère de leur petit-enfant. Car, ainsi, l'enfant se sentira moins directement touché et comprendra mieux la dimension subjective des attaques. En respectant l'image du père ou de la mère de l'enfant, c'est l'enfant qu'on protège, pas ses parents. Si le père ou la mère commet un délit, par exemple un acte de violence contre l'autre, et que l'enfant y a assisté ou l'apprend, on peut réprouver l'acte, enseigner à l'enfant que cet acte est condamné par la loi et que pour cela son père ou sa mère sera condamné par le juge, sans pour autant détruire l'image du parent en disant que c'est un monstre. L'enfant doit savoir que tout le monde doit respecter la loi, y compris les parents chargés de la lui enseigner. Mais ils apprendront qu'un acte ne résume pas une personne. Sinon, le danger de ne parler que des défauts du père ou de la mère, de résumer cette personne à des comportements délictueux, c'est que l'enfant n'aura pas d'autres choix identificatoires que ce qu'on aura dit de son parent. Un enfant qui n'aurait, comme seule représentation de son père, que la définition de délinquant, risquerait soit de devenir délinquant, soit, dans le meilleur des cas, de les fréquenter toute sa vie (et pas seulement comme policier ou gardien de prison), soit de se croire monstrueux à la moindre pensée malhonnête qu'il pourrait avoir. Bref, réduire le parent à une seule image emprisonne l'enfant dans un réduit et bloque son épanouissement personnel. On ne peut pas empêcher un enfant de se construire, ne serait-ce que partiellement, en référence à l'un de ses parents, à ce qu'il voit et perçoit de lui, à ce qu'il sait et imagine de lui, mais aussi grandement à ce qu'on dit de lui. Critiquer une attitude ou une parole, et non pas une personne, laisse le champ libre pour l'enfant de penser que son père peut être aussi quelqu'un d'autre que celui qui a fait ou dit cela.

□ Un lien protégé par la loi

Le maintien des liens avec les grands-parents est menacé dans certaines situations de séparation. Notamment quand un parent a rompu les liens avec ses propres parents, accusés de « complicité avec l'ennemi ». C'est aussi le cas dans les gardes majoritaires où le père délaisse son droit de voir son enfant un week-end sur deux et que la mère ne s'entend pas avec ses ex-beaux-parents.

La loi du 4 mars 2002 sur le droit de la famille est venue renforcer la place des grands-parents auprès des enfants. Les parents ne peuvent plus, sauf motif grave, s'opposer aux rapports avec les grands-parents, et également avec les arrière-grands-parents. Les motifs graves étant des motifs relatifs à la santé, la sécurité, l'éducation ou la moralité de l'enfant. C'est aux parents de prouver qu'ils existent. Les aïeuls ont donc la possibilité d'entretenir des relations personnelles avec leurs petits-enfants, d'établir une correspondance avec eux, de les recevoir ou de leur rendre visite, mais aussi de participer à leur éducation, à condition qu'elle ne porte pas préjudice aux enfants. Si les parents s'y opposent, les grands-parents peuvent saisir le juge des affaires familiales.

Rappelons, en guise de conclusion, que les grands-parents peuvent être un pôle de stabilité et de neutralité dans la tempête qu'est la séparation des parents. Ils rassurent leurs petits-enfants par une image de continuité et d'appartenance à une filiation à l'heure de la déchirure et de l'angoisse d'abandon. Ils apportent aussi une aide matérielle à leurs enfants. Enfin, quand ils ne sont pas séparés, ils montrent à l'enfant une autre façon de vivre la conjugalité.

Des situations moins ordinaires

Il existe autant de situations de séparation qu'il existe de formes de liens conjugaux, de parentalité et de famille. En voici quelques-unes qui présentent des spécificités, mais qui n'ont rien de commun entre elles.

□ Le parent en couple homosexuel

Quand Francesco s'est marié avec Roxane, ils avaient 21 ans tous les deux. Ils s'étaient connus quelques mois auparavant à l'occasion d'une fête entre amis, et la complicité est née avant qu'ils ne se connaissent vraiment. Dès la première rencontre, ce fut comme des retrouvailles. Elle avait l'assurance qui lui faisait défaut et il avait la beauté qu'auraient enviée toutes les femmes. Mais la beauté n'est que la promesse du bonheur et l'assurance ne protège pas du malheur. Leur amour n'était pas fait de carton-pâte, Victoire, 5 ans aujourd'hui, peut en témoigner. Pourtant, des vents contraires ont emporté et démantelé cet amour. Le secret de Francesco est qu'il avait plusieurs cœurs. Quand l'un d'eux se mit à battre pour Julien, c'était si puissant que les autres cédèrent le pas.

Quand je reçus Francesco et Roxane, ils n'habitaient plus ensemble. Les larmes et les cris étaient ravalés, le dialogue était devenu à nouveau possible. Roxane venait de faire connaissance avec un autre homme qui dormait parfois chez elle et auquel elle allait plus tard dire oui devant monsieur le maire. Quant à Francesco, il n'osait pas encore vivre avec son compagnon, craignant de troubler Victoire. Il finit par le faire, après m'avoir consulté, afin de savoir comment dire les choses à sa fille et répondre à ses questionnements.

132

Il arrive qu'après s'être séparés, un homme ou une femme se mettent en couple et conjuguent l'amour avec une personne de même sexe. S'ils vivent ensemble, il s'agit alors d'un concubinage simple ou d'un pacte civil de solidarité (PACS). L'orientation sexuelle d'un adulte n'ayant évidemment aucune incidence sur ses compétences parentales, il va de soi que cela ne doit pas avoir d'influence sur les modalités de garde des enfants.

À l'enfant qui pourrait s'étonner que son père ou sa mère s'inscrivent dans une façon d'aimer minoritaire, il sera expliqué qu'on peut être amoureux et vivre son amour avec quelqu'un qui est du même sexe que soi. « Mais alors, je pourrais me marier avec maman plus tard ? » interrogea Victoire. « Non, lui répondit son père, car cela n'est possible qu'avec une personne majeure et qui ne fait pas partie de sa famille. – Mais tu as divorcé de maman car tu trouvais les dames méchantes ? – Bien sûr que non, répondit Francesco. Je m'entends aussi bien avec les dames qu'avec les hommes, mais je n'étais plus assez amoureux de maman pour avoir envie de vivre avec elle, et je suis devenu assez amoureux de Julien pour avoir envie de partager ma vie avec lui. » Il précisa : « Dans tous les cas, je resterai toujours ton papa, car on ne divorce pas de ses enfants ; et par ailleurs, je suis très content que tu sois une fille, inutile de chercher à faire le garçon pour me plaire. – Et avec Julien, tu feras d'autres bébés ? », s'enquit l'enfant. « Non, car pour faire un bébé, il faut un homme et une femme, mais on peut s'aimer sans avoir de bébés. » Attachée à Julien, elle décréta un jour qu'elle l'épouserait plus tard. Son père lui répondit : « Ce n'est pas possible, car il fait partie de ta famille dorénavant. »

À l'école, elle surprit la maîtresse en lui déclarant qu'elle avait trois papas, allusion à ses deux beaux-pères. Son père lui expliqua donc le trépied sur lequel reposait la paternité,

à savoir : la graine de vie avant la naissance, la reconnaissance à la naissance et l'investissement éducatif après la
naissance. Elle n'avait donc qu'un seul père, comme tout le
monde, mais elle « avait » en effet deux autres hommes qui
pouvaient s'occuper d'elle quand papa n'était pas disponible, et ces deux hommes étaient ses beaux-papas, celui qui
vivait avec sa mère et celui qui vivait avec son père. Il lui
précisa ensuite que papa et maman voulaient bien que ces
deux beaux-papas s'occupent d'elle et la « commandent »
accessoirement. Les enfants ont besoin de savoir à qui ils
doivent obéir ou non. Ils doivent donc savoir que leurs
parents délèguent respectivement à chaque beau-parent
leur propre autorité. Un jour, Victoire rentra à la maison en
larmes, car un grand avait insulté son papa en le traitant
d'un drôle de nom. Sa mère la rassura en lui expliquant que
ceux qui sont minoritaires se font plus souvent embêter que
les autres par les lâches car, étant moins nombreux, ils peuvent moins bien se défendre. Si cela se reproduisait, elle irait
porter plainte, ajouta sa mère. Enfin, sa mère lui dit qu'elle
pouvait être fière de son père, car c'était un homme qui
avait le courage d'être lui-même tout en respectant la loi.

☐ L'enfant adopté

Hugo a 9 ans quand ses parents lui annoncent leur intention de se séparer. L'enfant n'a pas senti venir le drame. Il
n'y a pas eu de prélude. Aucun désaccord audible par
l'enfant n'a laissé prévoir cette rupture. Sa réaction n'en est
que plus intense. Il vomit ses repas. Ses journées s'écoulent
dans les larmes. Ses draps, la nuit, sont inondés d'urine et
de sueurs froides. Hugo pleure de tout son corps. À l'école,
il devient inattentif et ne comprend plus les consignes de
son enseignante. Plus rien ne fait sens pour lui.

Ses parents l'ont adopté quand il avait 2 ans. Il est né en

Colombie et c'est en internat qu'il a fait ses premiers pas. Les informations concernant ses parents biologiques sont sommaires. Mère mineure issue d'une famille très pauvre, père inconnu (marié ?), Hugo n'en saura pas plus. Mais il a cependant trouvé dans cette union des corps suffisamment de désir pour naître et d'amour chez ses parents adoptifs pour devenir un enfant bien portant. Cette rupture, Hugo la vit comme un nouvel abandon qui démantèle sa première résilience. Elle le plonge des années en arrière et ses nombreuses réactions font écho au monde angoissant de ses deux premières années. Ses parents ont beau lui répéter qu'il n'est en rien responsable de cette séparation, il ne l'entend pas. Il est un monstre qui désunit, il ne mérite pas qu'on reste ensemble pour lui. Il faudra du temps, beaucoup d'amour et une aide psychologique pour lui permettre de se restaurer.

J'ai constaté que les angoisses de séparation et d'abandon sont plus fréquentes chez les enfants adoptés. La séparation parentale étant à l'origine d'angoisses analogues, on comprend que les enfants de parents adoptifs qui se séparent vont être particulièrement concernés par celles-ci. Il faut donc considérer que les enfants adoptés sont plus sensibles que les autres aux séparations parentales et prendre avec eux plus de précautions encore. L'enfant doit être notamment bien rassuré quant à l'inscription dans sa filiation. Car il vit la séparation comme une véritable menace identitaire. Il faut lui dire, ou lui rappeler alors, qu'il est dans cette nouvelle filiation pour toujours et que la séparation ou le divorce ne change rien à son état civil. Il faut lui dire aussi que son nom, qui lui a été donné par son père et que son père a reçu de son propre père (ou du père de sa mère s'il n'a pas connu son père), il l'a pour la vie, que personne ne pourra le lui reprendre et qu'il pourra le donner à ses enfants. J'ai suivi un enfant qui avait fait une dépression majeure suite au divorce de ses parents. J'ai découvert à l'occasion d'un entretien qu'il croyait que sa mère n'était plus sa mère car elle avait repris son nom de jeune fille et qu'ils ne portaient donc plus le même nom ! Les grands-parents et les oncles jouent un rôle important dans ce rappel, comme dans la fonction de réassurance de l'enfant dans ce domaine.

Pour les plus jeunes, l'explication concrète de la notion d'héritage, même si elle peut sembler embarrassante aux parents qui n'aiment guère envisager leur mort, leur est très utile. Savoir qu'en cas de séparation, comme de décès de ses parents, il héritera de l'ordinateur de papa, de la voiture de maman et de la commode qui vient de l'arrière-grand-mère, et que personne ne peut l'empêcher d'hériter puisque la loi le protège, donne à l'enfant une représentation concrète, et donc aisée à matérialiser pour lui, de la notion de filiation. L'inscription dans la filiation passe aussi par l'interdit de l'inceste. Trop souvent, on ne le pose pas aux enfants adoptés. Or l'adoption, par le fait que les parents ne sont pas des parents biologiques, peut laisser les enfants dans l'illusion qu'ils pourraient être le partenaire de leur mère ou de leur père si ces derniers n'étaient pas déjà mariés ensemble. En cas de séparation, le fantasme deviendrait alors réalisable, ce qui pourrait gêner le développement psychologique de l'enfant. Il faut bien lui dire qu'il ne pourra se marier avec aucun membre de sa famille adoptive. Et le lui rappeler en cas de séparation parentale. J'ai suivi un enfant de 5 ans qui présentait des troubles du comportement. Il était adopté depuis sa naissance, mais ses troubles se sont déclenchés quand ses parents ont commencé à évoquer leur séparation. Il était agité en permanence, n'écoutait pas en classe et n'arrivait pas à maintenir son attention. On parla alors de syndrome hyperkinétique et le pédiatre envisageait de prescrire un traitement médicamenteux pour calmer son agitation. La psychothérapie se révéla rapidement efficace et de façon radicale. C'est notamment en l'inscrivant dans sa filiation que j'ai fait disparaître l'ensemble des troubles chez cet enfant. Mais le petit malin avait trouvé un biais à mon exposé des lois. Il déclara à sa sœur, adoptée comme lui, qu'ils allaient aller plus tard en Bolivie, leur pays d'origine, pour adopter ensemble un bébé. Adroite façon d'être parents ensemble sans s'unir sexuellement. Depuis, j'ajoute à ma liste de tabous à enseigner aux enfants, aux côtés notamment de l'interdit de l'inceste, celui d'être un couple de parents adoptants lorsqu'on est deux membres d'une même famille.

□ L'enfant unique

La difficulté de l'enfant unique est qu'il ne peut trouver de permanence et de soutien auprès de sa fratrie. Les enfants d'une même fratrie, en général, se serrent les coudes en cas de séparation parentale. Les plus jeunes s'accrochent et choisissent de s'identifier aux plus âgés. Certains enfants cherchent à compenser la fragilisation des liens verticaux par le renforcement des liens horizontaux. Ils se rapprochent de leurs frères et sœurs, atténuant leur douleur et leur angoisse du vide qui s'ouvre sous leurs pieds. C'est vrai, même dans les cas où, avant la séparation, ils reproduisaient entre eux les conflits des parents en se disputant sans cesse. C'était le cas d'Édouard, tout le portrait de son père, et de Julia, sa cadette de deux ans qui ressemblait tant à leur mère. Ils s'entendaient bien dans la petite enfance et ont commencé à s'opposer en même temps que leurs parents. Mais, une fois la séparation prononcée, Julia et Édouard ont arrêté leurs querelles pour s'arrimer l'un à l'autre et faire corps.

L'enfant unique ne peut pas non plus diluer sa culpabilité au sein de la fratrie. J'ai constaté que, dans une famille nombreuse, les enfants se sentent moins responsables de la séparation de leur parent. Ou bien, quand c'est le cas, ils peuvent imaginer une responsabilité collective : « Papa et maman se disputent parce qu'on fait beaucoup de bêtises », pensait Alexia, 6 ans. L'enfant unique est le seul fruit de cet amour et peut imaginer être la seule cause de la séparation de ses parents pour ne pas les avoir suffisamment satisfaits.

L'enfant unique est aussi seul à supporter les tiraillements entre ses parents qui peuvent, sans intention de lui nuire, faire de lui un enfant facteur ou un enfant otage. Les enfants d'une même fratrie portent le poids de l'enjeu de la séparation. Ils peuvent inconsciemment se partager les rôles. Un tel consolerait la mère meurtrie par l'abandon de son mari. Un autre soutiendrait le père de sa loyauté. Le troisième jouerait les diplomates. Quant au dernier, il mettrait ses deux parents dos à dos pour choisir de s'identifier à ses oncles. L'enfant unique est le seul sur lequel on mise et il ne peut pas se « couper » en deux. Il est seul à porter le poids du divorce et ne sait quel rôle endosser.

Mais l'enfant unique est habitué à l'être. Il est habitué à ne pas trouver de réconfort auprès de sa fratrie dans les difficultés. Il a donc très tôt appris à compenser cela en renforçant ses liens avec son réseau familial (cousins, oncles, grands-parents) et son réseau social (amis, voisins). J'ai constaté que l'enfant unique de parents séparés trouve au sein de cet entourage le réconfort que d'autres trouvent auprès de leur fratrie. C'est pourquoi ses parents doivent se montrer vigilants quant au maintien de ces réseaux, notamment dans leur décision de mode de garde. Le statut d'enfant unique est une raison de plus pour que l'enfant ne subisse pas un déménagement qui l'éloignerait de sa famille élargie, de ses voisins, de ses camarades de classe ou de ses amis.

☐ Le parent maltraitant

Parmi les causes qui poussent une femme à quitter son époux, la maltraitance vis-à-vis des enfants en est une qui rend indispensable cette séparation. La violence est verbale, physique, mais peut être aussi sexuelle. L'alcool est un complice habituel de ces conduites destructrices.

Josette s'était mariée avec René alors qu'elle avait une fille de 4 ans, Bélinda, née d'un homme qu'elle ne reverra pas. René a élevé Bélinda et les trois autres enfants qu'il a eus avec Josette. La famille semblait bien portante et René, travailleur, se consacrait à ses enfants. C'est à 19 ans que Bélinda révéla, après avoir quitté le domicile familial avec son fiancé, qu'elle avait été victime d'attouchements sexuels de la part de son beau-père quand elle était plus jeune. Plainte fut déposée et le père dut quitter le domicile avant que le divorce ne soit prononcé. René, le beau-père de Bélinda, immature affectivement, avait été lui-même victime d'abus sexuel, étant enfant, par son beau-grand-père. Josette se sentait coupable de n'avoir rien décelé. Elle avait été aveuglée, semble-t-il, par sa dépression ou par son histoire, ayant elle-même été victime dans les deux familles d'accueil où elle avait été placée pour maltraitance parentale. Après des mois sans visite en attendant le procès, des visites encadrées furent autorisées.

Dans ce genre de drame, il convient de parler aux enfants avec tact. Comment protéger l'image d'un père dénaturé par lui-même ? La mère doit annoncer à ses enfants qu'elle se sépare de son mari du fait de son comportement, mais aussi pour les protéger d'un père qui n'arrive pas à bien faire son métier de papa. Elle doit leur expliquer qu'elle avait épousé celui qui allait devenir leur père pour des qualités qu'elle peut citer. C'est parce qu'il avait ces qualités qu'elle a décidé de faire des enfants avec lui. Mais elle ajoute qu'elle ignorait alors qu'à côté de ces qualités, il avait en lui des choses qui sont condamnables si elles se réalisent. Il faut leur dire que tout le monde, les parents compris, doit obéir aux lois et que la loi des hommes interdit de faire violence aux enfants ou d'avoir des comportements sexuels avec eux. Si les enfants ne peuvent plus être seuls avec lui, expliquez-leur que c'est pour les protéger de ses mauvais comportements et pour protéger leur père contre ses propres comportements. Si le père est condamné à de la prison, il faut dire aux enfants que cette condamnation prononcée par le juge qui dit la loi a pour mission de le punir, pour lui faire bien comprendre que ce qu'il a fait est grave.

7

Tous les enfants du divorce

La séparation des parents n'atteint pas l'enfant seulement dans le champ de la verticalité de ses relations familiales. Ses liens horizontaux sont également mis à l'épreuve. La famille, on l'a déjà signifié plus haut, est un système. C'est-à-dire un ensemble d'individus qui, par le fait qu'ils forment un ensemble, possède des qualités allant plus loin que la simple somme de celles de chacune des personnes de ce groupe. Parmi les différentes lois qui déterminent un système familial, il y a l'homéostasie. Cela se conçoit comme la nécessité pour ce système de préserver une structure et une dynamique stables. Quand des liens se brisent, d'autres liens doivent se tisser.

Les liens ne sont pas toujours des liens d'amour. On voit par exemple les liaisons amoureuses entre parents disparaître et être aussitôt relayées par des liaisons de haine ; à moins que des liens extra-conjugaux avec un nouveau conjoint, devenu beau-père ou belle-mère, ne recomposent la famille et rendent ces liens de haine inutiles. Dans ce contexte de système ouvert, les liens entre frères et sœurs participent pleinement aux remaniements familiaux. Toutes les recombinaisons sont possibles, avec des modifications

141

d'alliance ou des conflits au sein d'une même fratrie. La famille est un système en évolution et les ruptures des couples parentaux sont structurellement comme les révolutions dans une société donnée. Elles provoquent un changement brutal avec une accélération des modifications internes. Les recompositions qui font suite impliquent souvent la naissance de nouveaux enfants et la nécessité pour les premiers nés d'intégrer des demi-frères ou sœurs qui viennent bousculer leur place.

Comme à chaque moment décisif dans la vie d'une famille, une réorganisation et une redéfinition des règles régissant le fonctionnement familial seront nécessaires. Cela ne se fait pas sans difficulté, ni sans souffrance, mais il sera impossible de ne pas renégocier les schémas relationnels antérieurs, en particulier entre frères et sœurs, sans risquer de voir se développer chez les enfants des troubles psychologiques.

La fratrie séparée

□ Histoire de Théo et Marina

Théo a 12 ans et sa sœur Marina 7 ans quand leurs parents se séparent. Il est décidé qu'ils habiteront avec leur père un week-end et un mercredi sur deux. Mais, après quelques mois, Théo se montre si difficile à vivre que la mère accepte de céder à sa demande d'aller vivre pendant la semaine chez son père. C'est alors que Marina réagit en présentant des difficultés scolaires. Elle oublie les règles d'orthographe, des lettres à ses mots et des mots à ses phrases. Elle exprime dans ses écrits l'absence dont elle souffre. Elle se décompose. C'est l'orthophoniste que sa mère est allée voir initialement, pensant à une dyslexie, qui me l'a adressée.

J'observe chez elle une profonde tristesse qui engloutit ses paroles. Ses dessins aussi sont amputés. Elle refuse de dessiner sa famille. Sa mère associe mentalement l'apparition de ces symptômes au départ du frère, bien sûr, et pourtant Théo n'est pas si absent que cela. Elle le voit moins, certes, mais elle est avec lui chaque week-end et, bien qu'il soit plus âgé, il accepte avec plaisir de passer du temps avec elle, s'occupant de sa sœur comme le ferait tout grand frère idéal (les femmes qui ont idéalisé leur grand frère savent de quoi je parle).

Les entretiens avec Marina ont révélé qu'elle considérait sa relation fraternelle sur un mode matrimonial. Elle estimait qu'elle formait un couple avec son frère, à l'image du couple formé par ses parents. Sa méconnaissance des règles de la sexualité humaine lui laissait imaginer cela. Elle supposait que ses parents, comme elle et son frère, avaient toujours vécu ensemble. Certains éléments venaient renforcer cette conviction que Théo et elle répliquaient le couple de leurs parents. Il s'agissait de la ressemblance physique de chaque enfant avec son parent de même sexe, de la différence d'âge qui était la même entre les enfants et les parents et, enfin, de la projection affective qui faisait que chaque parent retrouvait son tempérament chez l'enfant du même sexe. Marina a donc ressenti le départ de Théo chez son père comme un divorce équivalent à celui de ses parents. Théo avait d'ailleurs peut-être pressenti inconsciemment ce type de lien. Son besoin de prendre un peu de distance vis-à-vis de sa sœur, à l'heure où la puberté le gagnait, était alors une forme de protection nécessaire. Mais, tandis que sa mère perdait simplement un mari, Marina perdait un compagnon et un frère. Or, on le lui a assez souvent répété, c'était pour toujours qu'on divorçait. D'ailleurs, son père était, depuis sa séparation, en ménage avec une autre femme. Bien qu'elle vît Théo chaque week-end, dans son imaginaire, Marina n'avait plus de frère puisque, symboliquement pour elle, l'hyménée était brisé. Théo auprès d'elle n'était plus rien pour elle. Et, en plus du deuil qui devenait le sien, c'est son identité familiale qui s'en trouvait bouleversée. La psychothérapie lui permit d'éclairer sa lanterne en lui définissant la nature des liens familiaux et les règles de la sexualité humaine. Marina perdit bien un époux, mais gagna un frère.

□ Des décisions au cas par cas

Il est recommandé de ne pas séparer les membres d'une fratrie lors des décisions de mode de garde au cours d'une situation de séparation parentale. Il ne faut pas ajouter à la douleur de la séparation de ses parents celle de voir s'éloigner un frère ou une sœur. Surtout que l'on sait que leur présence permet aux enfants de maintenir une continuité de l'espace familial antérieur et les protège en partie des traumatismes affectifs de la séparation. Les juges appliquent d'ailleurs correctement ce principe, en règle générale. Cependant, les enfants ont besoin parfois de passer, ne serait-ce qu'un an ou deux, plus de temps avec un parent, voire de vivre un temps sans leur frère ou leur sœur, au même titre que certains peuvent avoir besoin d'aller en internat. Ce besoin ne doit pas être occulté au nom du principe qui précède. C'est donc au cas par cas que les décisions de mode de garde des membres d'une même fratrie seront prises, avec la souplesse qui convient aux relations humaines.

□ Histoire de Fabienne

À l'inverse, il est des enfants qui sont désunis brutalement quand les parents se détachent définitivement. C'est l'histoire de Fabienne, qui a aujourd'hui 30 ans. Elle a été élevée avec Philippe d'un an plus jeune qu'elle. Son père, veuf alors qu'elle avait 2 ans, s'installe avec la mère de Philippe, mère célibataire. Fabienne et Philippe deviennent inséparables. Sept ans plus tard, Fabienne a 9 ans et chaque parent reprend sa liberté et son enfant avec lui. Les conflits, les propos malveillants, les ressentiments qui illustrent la brisure du couple ont dressé un mur entre eux deux. Le départ de la mère de Philippe en Bretagne ajoute une distance géographique. Fabienne et Philippe ne se voient plus et n'ont plus aucune nouvelle l'un de l'autre. Fabienne souffre de cette rupture et l'exprime par des troubles psychosomatiques. Des maux de ventre particulièrement handicapants, responsables de nombreuses investigations médicales aussi pénibles que vaines, vont ternir toute son adolescence. C'est à 23 ans seulement, grâce à un début de prise en charge par une psychologue, qu'elle trouvera la force de rechercher son frère de lait. Philippe est à ce jour le parrain de ses deux filles. Et plus personne ne pourra désormais les séparer.

Un demi qui prend de la place

La séparation est prononcée. Les modes de garde sont établis. L'un des parents s'est remis en ménage. L'enfant commence à intégrer l'existence d'un beau-père ou d'une belle-mère quand il apprend qu'il va bientôt avoir un petit frère ou une petite sœur. Cet échéancier est la situation la plus habituelle. Mais il m'est arrivé de rencontrer des situations plus compliquées où, par exemple, un demi-frère est né d'une liaison adultère précédant la séparation, et où l'enfant est confronté concomitamment à la séparation, au beau-parent et au demi-frère. Cette fois, la famille est véritablement recomposée.

□ **Entre jalousie et rivalité**

Les réactions des enfants sont de plusieurs types. On retrouve celles qui accompagnent toute naissance d'un(e) puîné(e). La jalousie à son endroit, surtout chez des enfants de 2 à 6 ans, est classique et se gère de la même façon qu'avec un frère à part entière. Une différence d'âge plus importante atténuera les jalousies ou les rivalités, et les plus grands n'hésiteront pas à s'impliquer dans un rôle de grand frère ou de grande sœur avec plaisir. Mais il existe quelques spécificités.

La naissance d'une demi-sœur, deux ans après la séparation de ses parents, a déclenché chez Émilie, 8 ans, une grande tristesse accompagnée de troubles du sommeil et d'une perte d'appétit. Ce n'est pas de la jalousie. Elle a passé son stade œdipien et a déjà deux sœurs plus jeunes. Ce qu'elle put me dire entre deux sanglots, c'est que « maintenant papa et maman ne reviendront plus jamais ensemble ». Émilie avait gardé l'espoir d'une reprise du couple de ses parents. Soutenue par cet espoir (espoir probablement partagé par sa mère), elle avait supporté la séparation sans trouble apparent. Cette naissance sonnait le glas de son espérance. Son désespoir dura le temps que durent les chagrins d'amour, et un autre espoir prit place, celui que le quatuor de filles qu'elle formait dorénavant avec ses sœurs reste uni.

Il est bien sûr plus difficile pour l'enfant d'accueillir favorablement cette naissance si l'autre parent la vit douloureusement. C'est d'autant plus le cas s'il s'agit du parent délaissé et qu'il vit toujours seul. Statistiquement, ce sont les hommes qui se remettent plus rapidement en ménage après une séparation. C'est, je pense, parce qu'ils ont moins souvent la charge des enfants et aussi qu'ils sont peut-être moins formés

146

que les femmes, par l'éducation qu'ils ont reçue, à pouvoir vivre de façon autonome. Quand la première femme est ménopausée et que son ex-conjoint devient à nouveau père avec une femme plus jeune, elle souffre parfois de ce qu'elle peut vivre comme une injustice.

La naissance d'un nouvel enfant peut susciter des formes particulières de jalousie. Lucas, 7 ans, se montre critique vis-à-vis de Charles qui, du haut de sa première année, ne peut pas lui faire grand mal. Le père de Lucas s'est séparé de la mère de ce dernier deux ans auparavant et s'est remarié avec la mère de Charles. Ce n'est pas seulement la perte de sa place de garçon unique qui est difficile à vivre pour Lucas. Il envie Charles, a-t-il pu me dire, d'avoir ses deux parents réunis amoureusement avec lui. Je lui rappelle qu'il a connu cela lui aussi et j'invite son père à lui raconter l'amour qu'il avait pour sa mère et la joie qu'il a ressentie quand Lucas est né.

L'enfant voit souvent le bébé qui arrive comme un rival. Heureusement, il ne fait pas le poids, car il ne sait ni parler ni marcher, ni rien faire de tout ce que lui peut faire. Quand maman s'occupe du petit nouveau-né, papa se montre plus disponible pour le grand qu'il devient. Cela aide beaucoup l'aîné à supporter cette naissance et la coupure du cordon ombilical affectif avec sa mère qu'elle provoque. Mais dans les situations de séparation, papa n'est visible qu'un week-end sur deux, alors qu'il est toute la semaine avec le bébé. Et le « grand » n'est pas là pour vérifier ce qui se passe. Un bon moyen pour le grand ou la grande de « gérer » l'arrivée du bébé, c'est de s'occuper de lui comme une deuxième maman ou un deuxième papa. Pour maîtriser la situation, il s'agit d'exercer une emprise en apparence tout oblative. Mais la situation de séparation empêche ce contrôle. À la perte du parent s'adjoint celle du beau-parent. Dans les premiers temps, ce papa bis ou cette deuxième maman

147

pouvait avoir fait preuve de délicatesse et de prévenance, notamment pour se faire aimer de l'enfant de son conjoint. Mais à l'arrivée de son propre enfant, le beau-fils ou la belle-fille se sent souvent désinvesti. D'autant que, si une mère peut comprendre et accepter un sentiment de jalousie et y répondre sans trop d'acrimonie, il en est tout autrement chez une belle-mère qui n'a pas le même lien de cœur avec les aînés. Pourtant, l'intérêt de son enfant sera d'être investi positivement par ses demi-frères. Les beaux-parents doivent donc ne pas hésiter à favoriser les liens entre cet enfant et ceux de leur conjoint. D'autant plus que, mis à part ces sentiments normaux de jalousie et d'envie, la naissance d'un bébé dans des familles recomposées, notamment celles où cohabitent les enfants d'un parent et du beau-parent, est souvent vécue par eux comme une bonne nouvelle. C'est l'arrivée de l'enfant de l'amour qui vient symboliser un renouveau. Et voici soudée la néo-famille ceinte autour du berceau de ce divin enfant. C'est un point de capiton qui retient et où convergent les différents fils conducteurs de la petite communauté. Le bébé valide aux yeux des enfants cette partie de sa famille. Le beau-parent a beau n'avoir pas été investi affectivement, il devient « familier », car il est le parent du frère ou de la sœur. Ce bébé est un crochet qui permet au nouveau cadre familial de bien tenir.

□ Accompagner l'enfant lors de la naissance

Voici quelques conseils pour aider votre enfant à bien vivre cette naissance. Il ne faut pas l'impliquer dans la décision, en lui demandant s'il est d'accord ou non pour avoir un demi-frère. Ce serait lui faire croire qu'il a un pouvoir qu'il n'a pas dans la réalité et qu'il n'a pas à avoir, celui de gouverner le désir de procréation de son parent et de son beau-parent. S'il répond qu'il n'en veut pas, il verra bien que son avis n'avait rien de décisionnaire et il accueillera d'autant plus mal ce demi-frère. S'il répond par l'affirmative et que le projet est conduit à son terme, il aura, de surcroît, la croyance que son demi-frère lui est redevable d'exister. Pourrait s'ajouter à cela la culpabilité d'avoir éventuellement participé au chagrin du parent délaissé si jamais, pour lui, cette nouvelle naissance était une douloureuse nouvelle.

C'est au parent concerné de l'annoncer à son enfant. Il vaut mieux qu'il le fasse dans un premier temps en l'absence de son conjoint. Sinon, l'enfant n'osera peut-être pas exprimer ses inquiétudes de peur de déplaire à son beau-parent. Et le beau-parent risquerait de mal interpréter des réactions de dépit de l'enfant. L'annonce ne se fera pas trop tôt, surtout si l'enfant a moins de 5 ans. La perception du temps n'est pas la même pour lui. Neuf mois représentent 25 % de la vie d'un enfant de 4 ans, ce qui équivaut à neuf ans pour un adulte de 36 ans ! Il n'a pas besoin de tant de temps pour se préparer psychologiquement, mais, à l'inverse, il risque de s'inquiéter longuement de ce que cette arrivée occasionnera pour lui. En parler au quatrième mois est suffisant. Inutile d'attendre trop longtemps. D'abord la grossesse commence à se voir et l'enfant, soit en aura entendu parler, soit l'aura pressentie par des communications paraverbales. J'ai constaté que, lorsque les relations entre parents séparés sont tendues, le parent qui attend un nouvel enfant ne souhaite pas, bien souvent, que l'autre parent en soit informé d'emblée et ne dit rien à son aîné de crainte qu'il ne « parle ». Ou bien, s'il le lui annonce, il le charge de garder le secret. Cette grossesse est alors entourée d'un malaise que ressent l'enfant et qui risque de perturber sa relation future avec le bébé. Il convient donc, dans l'intérêt de l'enfant, d'informer l'autre parent en même temps que l'on informe l'enfant. Bien sûr, dans les situations idéales, il est souhaitable pour l'enfant que son parent fasse connaissance avec le nouveau-né de son autre parent. Chez les enfants de moins de 7 ans, il peut y avoir des réactions hostiles, que le bébé soit présent ou à venir. « Ce bébé, je vais le mettre à la poubelle ! » déclare Lucia, 4 ans. Quand le bébé naît (parfois un peu avant), des comportements régressifs sont également habituels : Karim, 5 ans, refait pipi au lit ; Sofia suce son pouce après avoir arrêté un an auparavant.

□ Quand c'est la maman qui est enceinte

J'ai constaté que l'enfant réagit plus vivement lorsque c'est la mère, plutôt que la belle-mère, qui est enceinte. Si vous êtes la mère, évitez de vous rendre coupable de faire souffrir votre enfant. Vous lui offrez la possibilité d'apprendre la fraternité ainsi que l'égalité. Dites-lui qu'il aura la liberté ou non d'aimer ce bébé, mais qu'il n'aura pas le droit de lui faire de mal autrement qu'en pensée. Précisez que l'inverse sera également vrai. Acceptez ses moments de régression quelque temps. L'enfant espère inconsciemment de cette façon récupérer votre attention, en se conduisant comme ce bébé, réclamant en particulier des câlins. Il ne comprend pas que vous vous intéressiez tant à un petit être qui ne sait rien faire, alors que lui est si fier de ses compétences nouvelles. Parfois, son désarroi est si grand qu'il se met à fonctionner au ralenti, comme toute personne qui déprime ; et, pour un enfant, fonctionner au ralenti, c'est arrêter de grandir et retourner à un stade antérieur. Cela se traduit par une régression plus marquée : l'enfant se tient mal à table, devient maladroit ou joue à des jeux qu'il avait abandonnés. Il faut alors le rassurer quant à votre affection. En lui disant par exemple : « Je ne vais pas moins t'aimer parce qu'il y a ce bébé. À chaque enfant, c'est comme s'il poussait dans le cœur de sa mère un nouveau cœur. Comme cela, j'ai assez d'amour à donner à chacun de mes enfants sans en prendre à d'autres. Tu n'as pas besoin de redevenir petit pour que je t'aime. Au contraire, je suis très contente que tu grandisses et plus tu grandiras dans ta tête et dans ton corps, plus je t'aimerai, car ces cœurs dont je t'ai parlé, ils grandissent en même temps que l'enfant auquel ils sont destinés. Bien sûr, je vais passer du temps avec ce bébé car il ne peut pas encore se débrouiller tout seul aussi bien que toi, mais ce temps que je lui consacre, ne crois pas que je le prends sur le temps qui te serait consacré. Ce temps, je l'aurais passé avec mon nouveau compagnon ou bien à mon travail, à mes loisirs, avec mes copines. De plus, si tu le souhaites, tu pourras m'aider à m'occuper du bébé, ainsi tu apprendras comment on fait si, devenu adulte, tu en as un. »

Rappelez-lui combien vous vous êtes occupée aussi de lui de cette façon. Montrez-lui des photos ou des enregistrements vidéo de lui avec vous quand il était bébé. Et s'il exprime encore de la jalousie, dites-lui qu'il a un avantage que n'aura jamais son puîné, c'est que lui a eu pendant quelques années sa mère pour lui seul, tandis que le benjamin est obligé de la partager dès sa naissance. C'est aussi l'occasion de lui offrir un baigneur, pour qu'il puisse avoir lui aussi son « bébé » et lui faire ce que bon lui semble. Si l'enfant frappe le bébé en lui tendant par exemple un de ses jouets un peu trop violemment, dites-lui qu'un bébé, c'est fragile et qu'il est trop jeune pour jouer avec lui. Dites-lui qu'il ne doit pas lui faire de mal et qu'en attendant que le bébé soit plus grand, il peut jouer avec son baigneur. Enfin, précisez que vous n'avez pas divorcé dans le dessein d'avoir ce bébé (les enfants voient parfois les choses par le petit bout de la lorgnette). Que ce bébé est simplement le fruit de votre amour avec votre nouveau compagnon. Mais qu'il aime ou non ce bébé, cela ne changera rien au sentiment que vous éprouvez pour votre nouveau compagnon.

☐ Quand c'est la belle-mère qui attend un bébé

Les réactions des jeunes enfants sont généralement beaucoup moins vives. Certains d'ailleurs, sous-informés du rôle du père dans la conception, ne comprennent pas que cet enfant est autant leur demi-frère que si leur mère l'avait porté ! Pour eux, c'est l'enfant de leur belle-mère et, si leur père s'y intéresse, c'est parce qu'il est lié à elle. Pour les autres, ce bébé vient les remplacer auprès de leur père s'ils ne voient leur père qu'un week-end sur deux.

Il arrive que le père investisse beaucoup plus ce nouveau-né qu'il n'avait investi son premier enfant, du fait d'une plus grande expérience dans la paternité. On n'a pas la même maturité à 25 et à 35 ans et la maturité joue un rôle important dans le métier de papa. L'enfant pourra en ressentir du dépit, surtout s'il croit que c'est de son propre chef que son père le voit moins souvent que sa mère. En tant que père, il ne faut pas hésiter à reconnaître quand on ne s'est pas occupé de son grand enfant quand il était bébé aussi bien que de ce nouveau-né. Les enfants ont une bonne mémoire du cœur. Il peut leur être dit honnêtement : « Quand tu étais bébé, je n'osais pas m'occuper de toi. Je croyais que seules les mamans savaient ou pouvaient s'occuper d'un bébé, car on ne m'avait pas appris à le faire quand j'étais moi-même enfant. Et c'est une période où je travaillais beaucoup pour pouvoir t'acheter ce dont tu pouvais avoir besoin. Je m'occupais de toi en travaillant au-dehors, mais tu ne me voyais pas. Je regrette de n'avoir pu passer plus de temps avec toi bébé, mais ta mère s'est bien occupée de toi quand je n'étais pas là. En tout cas, je suis très content que tu sois grand et je suis très fier que tu sois mon fils (ma fille). Si tu veux, tu peux m'aider à m'occuper de ce bébé quand tu es avec moi, comme cela, tu apprendras à être un meilleur papa que moi et, ainsi, tu verras ce que j'aurais aimé faire avec toi quand tu étais petit. Et surtout parce que cela me permettra de faire des choses agréables en ta compagnie. »

J'ai reçu Romain, 5 ans, amené par sa mère qui s'inquiétait de son désir d'être une fille. Il voulait mettre des robes, réclamait des jouets de fille et, plus inquiétant, disait qu'il voulait une « zézette » de fille. Il m'est apparu que ce désir avait comme source la naissance d'Alizée, fille que son père avait eue un an avant avec sa nouvelle compagne. Le père de Romain vénérait tant cette fillette que le garçon, qui ne voyait pas son père suffisamment pour se sentir apprécié autant de lui, imaginait qu'être une fille était ce qu'un père attendait de son enfant. Des entretiens avec le père ont permis de lever les malentendus et Romain a retrouvé la joie d'être un garçon.

☐ De l'importance du territoire

Quand le bébé devient grand, à côté des liens fraternels qui se tissent, coexistent des sentiments de jalousie de part et d'autre. Il faut les accepter et se rappeler qu'on a connu les mêmes vis-à-vis de sa propre fratrie ou de ses cousins. Dans les situations de divorce, un moyen de les atténuer est de tenir compte des territoires. C'est plus souvent chez le parent qui a une garde minoritaire, c'est-à-dire coutumièrement chez le père, que le problème se pose le plus fréquemment. Le plus jeune voit arriver le ou les « intrus » qui viennent régulièrement modifier son rythme de vie et parfois dormir dans sa chambre. Les plus grands n'ont pas toujours leur lieu à eux chez le père car leur chambre, quand ils ne sont pas là, fait office de bureau, de pièce de jeux ou de chambre d'amis. C'est pourquoi, si, pour des raisons matérielles, les enfants plus grands n'ont pas leur chambre à eux, qu'ils aient au moins leur coin. Un placard qui ferme à clef et qui renferme leurs affaires personnelles est un minimum. De même, dans la salle de bain, qu'ils puissent retrouver leurs affaires dans un espace qui leur est réservé. On n'hésitera pas à marquer les affaires personnelles en mettant une étiquette sur les vêtements que l'enfant laissera chez son père ou des moyens de distinguer les linges et objets qui sont les siens (draps, serviettes de bain, serviettes de table, bol de petit déjeuner, verre à dents). La présence de ces effets personnels auxquels personne ne devra toucher sera garante de sa place dans la famille en son absence. Enfin, le père, gardien de cette place, n'hésitera pas par ailleurs à consacrer un temps individuel à chacun de ses enfants, un temps de promenade, d'activité ou d'échange informel.

Les enfants de l'autre : le point de vue de l'enfant

Élise a 12 ans. Elle vit une semaine chez chacun de ses parents en garde alternée. Son père s'est marié avec Marlène, mère de Célia, 10 ans, et de Marco, 8 ans. Élise et Marlène ne s'entendent pas du tout. Marlène la traite d'« enfant gâtée » par sa mère et la soupçonne de vouloir briser son ménage. D'ailleurs, elle refuse de s'occuper d'elle, servant à table ses enfants sans la servir elle. Cependant, Élise et Célia s'entendent merveilleusement, bien que, comme me le rapporte Élise, Marlène n'ait de cesse de se mêler de leurs conversations et de prendre parti.

Il existe une sorte de solidarité entre enfants de parents séparés et cette situation commune, qui les met dans le même bateau, crée des liens. J'ai constaté que la situation qui autorise le plus facilement cette harmonie est celle où la cohabitation se fait en temps égaux. C'est-à-dire quand ils vivent ensemble la majorité du temps, quand chaque membre du nouveau couple bénéficie de la garde majoritaire. Ce qui rend difficile la cohabitation, c'est quand les enfants du beau-père, par exemple, ne viennent emménager qu'un week-end sur deux, bousculant les habitudes de vie des enfants présents toute la semaine. Il importe, dans un premier temps, de dire et de redire aux enfants que les enfants de l'autre ne sont responsables en rien de la séparation de leurs parents et qu'ils s'en seraient eux-mêmes sans doute bien passés.

□ Conflits et alliances

Quand des conflits apparaissent entre les enfants de deux lits distincts, la meilleure façon de les régler est d'en déceler les racines. Mais ne paniquez pas si, quelques mois après la mise en ménage, des bagarres apparaissent entre vos enfants et ceux de votre nouveau compagnon. S'affronter en disputes ou en bagarres est une méthode parmi d'autres pour eux de faire connaissance, afin de mieux fraterniser ensuite. D'autant que des alliances s'élaborent volontiers entre enfants de parents différents contre d'autres de la même famille recomposée, comme les garçons contre les filles ou les petits contre les grands. Si les disputes alternent avec des embrassades et des divertissements communs, c'est qu'on est dans le jeu normal des relations entre enfants. Le danger serait que chaque parent se présente comme l'avocat de ses propres enfants et donne raison systématiquement à l'un contre l'autre. Il convient d'édicter par temps calme des règles concernant les disputes. Si l'on peut se disputer, se bousculer, jouer à se bagarrer, en revanche, on ne se frappe pas avec les poings. On est souvent interpellé pour juger des conflits auxquels on n'a pas assisté. Plutôt que de punir les deux sans chercher à comprendre, pourquoi ne pas consoler les deux après leur avoir permis de s'exprimer (c'est toujours utile pour eux de résumer ce qu'ils ressentent) pour leur proposer ensuite une autre activité distrayante ?

Il arrive que la mésentente soit sous-tendue par les querelles parentales. Et certains enfants peuvent ressentir comme un interdit de s'entendre avec les enfants du beau-parent, pris dans un conflit de loyauté vis-à-vis de leur parent qui critique ce même beau-parent. Il faut répéter à l'enfant qu'il ne doit pas se mêler des discordes entre les adultes, que ce sont des conflits entre mari et femme et non vraiment des conflits entre parents. Lui doit vivre sa vie d'enfant.

☐ Le rappel des liens de filiation

Pour limiter les malentendus et les discordes, il est important, avec les jeunes enfants, de bien définir qui est qui. Je suis surpris de constater qu'il existe souvent un grand flou dans la tête des petits sur les liens de filiation au sein de la famille recomposée. Cela vaut la peine de prendre du temps avec son enfant pour l'éclairer sur la nature des liens qui les définissent chacun par rapport à l'autre. Il est très utile de faire avec l'enfant un arbre généalogique centré sur l'enfant et, pourquoi pas, de l'afficher dans sa chambre à côté du calendrier et du réveil, comme élément de repérage. Cela implique de nommer également le ou les parents que l'enfant ne voit pas pour cause de brouille définitive, en lui disant simplement, pour citer un exemple : « Moi ta mère, j'ai un frère plus jeune que moi, il s'appelle Vincent, c'est donc ton oncle, mais tu ne le vois pas car nous sommes gravement fâchés depuis bien avant ta naissance. En tout cas, ça n'a rien à voir avec toi. » Si l'enfant questionne sur les motifs du conflit, demande à le rencontrer et que cela vous met trop mal à l'aise, dites-lui simplement : « Je ne me sens pas capable d'en parler, peut-être le ferai-je plus tard. Si tu veux le rencontrer, tu pourras essayer par toi-même quand tu seras majeur, c'est-à-dire à l'âge de 18 ans. » Aider l'enfant à se structurer dans sa nouvelle famille, c'est aussi, par exemple, différencier sœur et demi-sœur. On précisera alors qui a grandi dans le ventre de qui et qui a donné la « graine » d'homme. Précisez que la mère de sa belle-mère est pour lui sa belle-grand-mère, c'est-à-dire qu'elle n'a pas les mêmes droits ni les mêmes devoirs qu'une grand-mère, mais qu'elle peut aussi bien s'occuper de lui si l'enfant en est d'accord. Les enfants ont une pensée concrète. Pour les aider à se repérer, on peut leur dire qui commande qui et qui hérite de qui. Cela peut paraître trivial, c'est pourtant fondamental pour que l'enfant comprenne les règles et les lois de la filiation et puisse bien se repérer au sein de la famille. Cela lève bien des malentendus.

La mère de Juliette et le père de Claire vivent ensemble. Les enfants partagent souvent le même toit et ont beaucoup de vacances communes. L'animosité dominait leur relation. Claire put me dire qu'elle ne supportait pas que Juliette cherche à lui prendre son papa. Surtout que, au vu des modalités de garde, Juliette passait plus de temps qu'elle avec lui. Claire se souvient que son père avait dit à la mère de Juliette lors d'une banale conversation : « J'aime Juliette comme ma fille. » Et il arrivait à Juliette (dont le père était peu présent) d'appeler « papa » son beau-père. Quand j'expliquai à Claire que Juliette n'hériterait jamais de lui et que lui n'avait pas d'autorité parentale sur elle, Claire en fut grandement soulagée. Le droit la protégeait des arrêtés du cœur. Son père ne pouvait divorcer d'elle pour sa belle-fille comme il avait divorcé de sa mère pour sa belle-mère.

□ Là encore, poser l'interdit de l'inceste

Last, but not least, une fois les liens de filiation de la famille recomposée bien définis, il faut dire l'interdit de l'inceste entre membres d'une famille recomposée, même en l'absence de sang commun.

Je me souviens avoir reçu Julien, 14 ans, qui se battait quasiment tous les jours avec le fils de son beau-père, Sofian, du même âge que lui. Les parents n'en pouvaient plus et n'arrivaient pas à réguler leur hostilité. La taille de l'appartement ne permettait pas qu'ils aient chacun leur chambre. Julien et Sofian vivaient presque tout le temps ensemble, car la mère de Sofian était décédée et Julien n'allait chez son père qu'un week-end sur deux. Ils se connaissaient depuis l'âge de 7 ans, mais les chamailleries des premières années avaient évolué vers des rapports de force destructeurs vers 13 ans. On proposa donc à Julien d'aller vivre chez son père, mais des questions matérielles empêchaient ce dernier de le recevoir et Julien ne le souhaitait pas vraiment. L'ambiance de la famille recomposée en dehors de ces discordes était bonne. Les relations entre les parents de Julien et la famille de Sofian étaient courtoises. Le suivi de Julien et de Sofian, reçus séparément car ils refusaient de venir ensemble, me révéla que les bagarres entre eux masquaient beaucoup de désir. Il existait une attirance réciproque chez ces deux adolescents, dont ils n'avaient que peu conscience, mais dont ils se défendaient en se cognant depuis qu'ils étaient pubères.

On peut retrouver ce type de problèmes entre frères et sœurs, quand la pudeur n'est pas respectée ou que l'interdit de l'inceste entre frères et sœurs n'a pas été clairement exprimé. C'est pourquoi, dans les sociétés traditionnelles, on sépare frères et sœurs à la puberté. Dans certaines tribus mélanésiennes, la tradition voulait que frères et sœurs, à l'adolescence, s'insultassent quand ils se croisaient. Il faut également enseigner l'interdit de l'inceste aux enfants qui sont élevés ensemble. Cet interdit ne concerne pas que la fratrie « sang pour sang ». Il faut enseigner aux enfants que les relations amoureuses sont interdites entre enfants élevés ensemble, « comme des frères ».

L'interdit de l'inceste concerne autant les frères de lait que la nourrice (au petit qui, ayant compris qu'il ne se marierait pas avec sa maman, pensait se marier avec sa nounou, il faut dire : « Tu ne pourras pas te marier avec elle, même plus tard, car elle t'a élevé un peu comme une mère). Je me suis adressé à l'inconscient de Julien et de Sofian en leur signifiant que, quelle que soit l'envie de se connaître physiquement ou amoureusement, cela ne pouvait se faire entre personnes élevées dans la même famille, et ce, quel que soit leur sexe. Mais qu'ils seraient libres quand ils seraient en âge de le faire avec des personnes étrangères à la famille de sang ou recomposée. La barrière de l'interdit de l'inceste une fois édifiée, Julien et Sofian retrouvèrent la paix dans leur relation et purent se chicaner comme s'aimer fraternellement en toute sérénité.

□ Préserver l'intimité de chacun

Les questions de territoire sont ici aussi cruciales. Surtout si enfants de parents et de beaux-parents sont amenés à dormir dans la même chambre. Il importe que chaque enfant possède un coin à lui, représenté par exemple par un coffre à jouets ou un meuble où il peut ranger ses affaires personnelles et les laisser en son absence en étant certain de les retrouver à son retour. Si ce meuble ferme à clef, c'est encore mieux. C'est un peu de lui que l'enfant laisse avec ses objets. C'est la permanence de sa place auprès de son parent qu'il espère ainsi garantir et qui est menacée si sa conservation n'est pas assurée. Les parents et les beaux-parents doivent être les garants de cela. Il ne faut pas hésiter à utiliser des étiquettes qui viendront désigner les lieux de chacun, étagères ou tiroirs. Idéalement, on différenciera les draps qu'on étiquettera ou que l'on désignera par des couleurs différentes, idem pour les serviettes de bain. Cela peut sembler lourd dans un premier temps et un peu rigide, mais, mettez-vous à leur place, vous n'aimeriez pas dormir dans les mêmes draps que le nouveau partenaire de votre ex-conjoint. La définition des territoires et la préservation de leurs biens sont un préalable pour éviter la confusion dans la tête de l'enfant et c'est indispensable si on veut limiter les conflits entre enfants et les préserver d'un mal-être permanent. Les parents des familles recomposées ne doivent donc pas prendre par-dessus la jambe les revendications concernant les effets personnels. Ils doivent donner raison à Anne-Sophie, 11 ans, quand elle demande que Tom, 8 ans, le fils de son beau-père, cesse d'emprunter ses bandes dessinées en son absence sans le lui avoir demandé auparavant. De même, on définira les temps de passage dans la salle de bain, la répartition des corvées (comme débarrasser la table) et l'on veillera au partage des temps de parole. Une charte familiale pourra être rédigée à cet effet.

8

Les réactions de votre enfant et les conseils pour y faire face

Mon enfant est triste

La séparation s'annonçait depuis longtemps chez les parents de Ludovic, 12 ans. Depuis plusieurs années, il avait peur qu'elle ne survienne. Elle n'a surpris personne. Elle arrivait comme le règlement d'un conflit ancestral enraciné dans l'histoire des deux familles. Et pourtant, Ludovic réagit par une profonde tristesse. Il s'était accroché à cette idée comme une possibilité certaine, mais, en se la représentant en permanence, il avait l'illusion de la maîtriser. Idée toujours présente, visible, mais tenue à une certaine distance, sans croire vraiment qu'elle se réaliserait. Quand elle se réalisa pourtant, ce fut comme si le cauchemar devenait réalité, pouvant laisser croire que tous les cauchemars nocturnes pouvaient un jour devenir réalité.

☐ Il n'y a pas de divorce sans perte

Ce qui occasionne de la tristesse chez l'enfant dont le couple parental se désagrège, c'est la perte. Quel que soit son âge, l'enfant perd la présence commune de ses parents et ses habitudes de vie. Quand le divorce est associé à un déménagement, il perd son environnement social. En plus d'être réelle, la perte est aussi symbolique. L'enfant perd la représentation de ses parents réunis par un lien d'amour autour de lui ; il perd l'illusion de l'éternité de l'amour comme rempart, notamment contre l'angoisse de mort. Quand la tristesse devient trop pesante, quand elle dure trop longtemps (présente tous les jours pendant plus de deux semaines), elle peut être le signe d'un état dépressif. Elle est rarement exprimée de façon directe. L'enfant ne va pas dire spontanément qu'il est triste. Il est fréquent qu'il le nie quand on le lui demande, car cette tristesse enrôle souvent une certaine méfiance vis-à-vis de ses parents auxquels il ne fait plus tout à fait confiance. Son sentiment d'abandon, sa croyance de ne pas intéresser les autres, de ne pas être suffisamment valable pour justifier le maintien de ses parents ensemble, fait qu'il ne va pas chercher à s'épancher. Il peut vivre sa tristesse avec un sentiment de faute et la crainte d'ennuyer ses parents. Il se sent alors coupable d'ajouter du négatif au climat familial et aux soucis de ses parents, surtout s'il se croit en partie responsable du divorce. Il va alors taire son chagrin, voire afficher un contentement de parade. D'autant plus que les conflits parentaux laissent moins de place à l'écoute des désarrois de l'enfant.

□ **Repérer les signes**

C'est dans la perte d'intérêt et de plaisir que sa tristesse apparaît le plus, que ce soit dans les activités scolaires ou celles de loisirs. Il se lasse vite de tout et s'occupe le plus souvent devant la télé ou les jeux vidéo. Il s'ennuie et n'est jamais satisfait. Avec les autres enfants, il peut répéter les conflits intrafamiliaux et on le signale comme agressif et bagarreur. Il peut se faire rejeter par les autres et occuper la place du bouc émissaire. Enfin, l'enfant ne va pas exprimer sa tristesse profonde, car il n'a pas les mots pour la dire. En effet, pour lui, ce vécu dépressif est un sentiment nouveau, jamais ressenti auparavant et donc difficilement verbalisable. Les parents vont pouvoir la lire sur l'air absent de leur enfant. Son visage est sérieux, peu expressif et laisse couler des larmes pour un rien. Mais quand les parents sont eux-mêmes en souffrance du fait de la séparation, ils ne sont souvent pas suffisamment réceptifs. Les enfants tristes de la séparation de leurs parents ne vont pas toujours dire leur affliction ; mais, parfois, surtout les plus jeunes, ils vont être dans une quête affective incessante et désorganisée qui peut provoquer un rejet de l'entourage. Qu'ils expriment ou non leur tristesse, ils éprouvent pour la plupart un sentiment d'exclusion. Ils ne se sentent pas suffisamment aimés par leurs parents, eux-mêmes pris par leurs propres difficultés à gérer cette séparation, avec son cortège de chagrin, de culpabilité, d'angoisse. L'enfant peut avoir un sentiment d'impuissance comme s'il était dévitalisé par les conflits familiaux. Il se dévalorise, il perd de son estime de soi : « Je ne sais pas », « Je n'y arrive pas », « Je suis nul » sont des phrases qui émaillent ses propos.

Quand ce sentiment de dévalorisation est présent, les parents doivent intervenir et ne pas hésiter à consulter leur médecin pour avis, qui pourra les orienter vers un psychologue ou un pédopsychiatre. D'autres signes associés à la tristesse (qui est parfois masquée) doivent alerter les parents et nécessitent de prendre un avis médical : quand l'enfant perd ses centres d'intérêts et n'a plus goût à rien, qu'il a des troubles du sommeil, qu'il perd l'appétit, quand il passe ses journées devant la télé et qu'il renonce à ses loisirs habituels. Des soins seront proposés. Ils consisteront en une psychothérapie individuelle de l'enfant, qui implique largement les parents.

Si le suicide est rare chez les enfants de moins de 12 ans, les idées suicidaires le sont beaucoup moins chez les enfants souffrant de la séparation de leurs parents. Chez les plus jeunes, le désir de mort se lit dans le désir de vouloir changer de vie, de ne pas gêner les autres ou de rejoindre un aïeul particulièrement investi par l'enfant. Il faut faire attention à des phrases telles que : « J'aimerais vivre dans un autre monde », « J'aimerais bien retrouver grand-père », ou : « Un jour, je partirai d'ici. » Il faut également ne pas hésiter à consulter si l'enfant a des conduites à risque ou des accidents à répétition. Ce sont des signes d'un dangereux mal-être intérieur qui doivent conduire à consulter.

La dépression, un mal contagieux

La tristesse dépressive d'un enfant victime de la séparation de ses parents est souvent l'écho de celle d'un parent. Il en est alors le porte-parole. Elle en est aussi la conséquence. Le parent déprimé, en particulier la mère, puisque c'est souvent elle qui est davantage présente dans le quotidien du jeune enfant, est physiquement présent, mais peut être absent psychologiquement et affectivement du fait de sa dépression. L'enfant ne reconnaît plus sa mère et cette « perte » est à l'origine de sa propre dépression. C'est pourquoi la tristesse de l'enfant se soigne aussi en soignant celle du parent et, en particulier, celle de sa mère.

Quelle attitude adopter ?

Les parents ne doivent pas banaliser cette tristesse ni considérer qu'étant intrinsèquement liée à la séparation, elle passera avec le temps. Si l'enfant est diagnostiqué comme déprimé, on le mettra à l'abri des conflits en le confiant, par exemple, à ses grands-parents. On se montrera moins exigeant envers lui et on limitera les réprimandes vis-à-vis de ce qu'il n'arrive plus à faire et qu'il faisait correctement auparavant. Les parents en situation de divorce font en effet preuve de moins de tolérance et, les nerfs mis à cran par leurs propres difficultés et leurs angoisses ou leur tristesse, ils se montrent beaucoup plus sévères qu'auparavant. On avertira les enseignants afin que la pression scolaire soit allégée et que les adultes soient plus vigilants sur ses relations avec les autres enfants. Ceux-ci pourraient, en effet, être tentés de le « secouer » en se montrant brutaux avec lui. C'est ainsi que les adultes ont tendance à le bousculer à tort de crainte qu'il ne se laisse aller. L'enfant triste doit bénéficier de tolérance, de tendresse, de compréhension, de patience, de vigilance, d'attention, de propos rassurants sur la permanence de l'affection des siens. La séparation des parents peut être un véritable traumatisme pour un enfant et il faut lui permettre d'hiberner, de se récupérer en se repliant un temps sur lui.

Je ne reconnais plus mon enfant

Les parents constatent parfois une transformation radicale des attitudes de leur enfant à l'occasion de leur divorce. Ils ne le reconnaissent plus. Son caractère change pleinement. Il est des changements qui sont le signe de troubles psychologiques, comme le retrait et l'humeur triste chez l'enfant déprimé. Mais j'évoque ici des changements qui ne font pas partie d'une pathologie. « Ma fille, Constance, si timide, si discrète jusqu'alors, est devenue complètement extravertie », me signale cette mère de famille plus perplexe que véritablement inquiète. « Mon fils était très négligé et désordonné, revenant chaque jour avec les mains sales et les vêtements tachés. Dorénavant, il est devenu tellement soigné qu'il n'ose plus aller jouer dehors de peur de se salir et il perd un temps fou à ranger ses affaires », me confie une autre mère. Le cas de Grégoire est une autre illustration de ces mutations post-séparation. Ses parents me l'adressent, bien qu'ils ne constatent pas de véritables souffrances, car ils ont l'impression d'avoir un autre enfant. Auparavant très proche d'eux, Grégoire semble depuis leur séparation s'éloigner d'eux. Lui qui était si dépendant ne leur adresse plus la parole que pour des questions d'intendance ou pour leur demander des autorisations de sortie ou de l'argent de poche. Il semble se désintéresser d'eux, ne s'enquérant plus par exemple de ce qu'ils font de leur côté. Il a renoncé à tous ses loisirs antérieurs (c'était un garçon sportif) pour ne se consacrer qu'aux jeux virtuels. Il a changé de fréquentations en faveur de garçons partageant sa nouvelle passion et ne voit plus ses amis d'enfance.

☐ Un édifice en construction fragilisé

Les conflits qui précèdent, sur plusieurs années parfois, et qui accompagnent la rupture parentale, ont des conséquences importantes sur la personnalité de l'enfant, qui se construit, en grande partie, en imitant ses parents et en s'identifiant à eux. Il compose sa personnalité à partir des traits de caractère, des goûts conscients et inconscients de chacun, de leur façon de penser, de leurs croyances et de leurs idéaux, de leur comportement... Le lien d'amour qui unit ses parents, comme les liens qui unissent toutes les personnes environnantes auxquelles il s'identifie également (famille, amis de la famille, éducateurs, etc.), est intégré par l'enfant. Ce sont ces liens qui assurent la cohésion des différents éléments de personnalité piochés ici ou là et qui vont composer sa propre individualité. Ils déterminent le plan de montage des éléments de sa personnalité en construction. La petite Laura va accepter de laisser cohabiter en elle la rationalité de sa mère et l'intelligence émotionnelle de son père, car ces deux-là s'aiment et apprécient ces qualités l'un chez l'autre. Si des conflits sont présents sur une longue période, surtout dans la petite enfance, la personnalité de l'enfant va en subir les conséquences. Il peut en résulter un manque de cohésion pouvant aller, dans les situations les plus graves, jusqu'à une dysharmonie évolutive chez l'enfant, c'est-à-dire un trouble du développement touchant certains domaines, comme le langage, la logique, la capacité d'analyse, la motricité, etc. Les domaines électivement atteints dépendent de l'histoire propre à chaque enfant. Ainsi, Lætitia, 6 ans, a perdu toutes ses compétences musicales à la suite des crises relationnelles entre ses parents, délaissant un pan d'identification au savoir-faire de sa mère, ayant imaginé, par d'étranges correspondances, que son père rejetait la sensibilité musicale de sa mère. Elle avait sans doute perçu intuitivement que, lorsque sa mère jouait du piano, elle s'échappait en rêverie vers d'autres bras, vers d'autres rives amoureuses que celles de son mari. Elle m'avait d'ailleurs dessiné un « bateau piano » voguant sur la mer sous un ciel orageux (colère paternelle)... Elle avait donc interprété la musique comme un facteur d'éloignement entre ses parents et avait donc considéré sa propre sensibilité musicale comme menaçante pour sa cohésion interne. À côté de ce délaissement, et comme pour venir occuper la place laissée vacante en termes d'investissement affectif, s'est développé chez elle un goût pour la nourriture, au point qu'elle prit un peu trop de poids. Le domaine culinaire était celui dans lequel son père excellait. C'est lui qui cuisinait à la maison habituellement, et sa mère savait en profiter et goûter ses talents. La cuisine était restée le seul espace de paix et d'harmonie dans ce couple.

En général, les déchirures et les nœuds que la discorde occasionne sur les liens identificatoires fragilisent l'ensemble. Cela se traduit par un défaut permanent de sécurité interne chez l'enfant, occasionnant manque de confiance en soi, stress ou angoisse, s'exprimant elle-même de différentes façons (troubles du sommeil, migraine, maux de ventre, hyperactivité, troubles de la concentration, etc.). Sans prise en charge, ces troubles peuvent persister à l'âge adulte.

□ L'occasion d'un nouveau départ

Mais la souffrance n'est pas toujours, heureusement, au rendez-vous. Il est des enfants qui ont de grandes capacités de résilience et qui vont se reconstruire assez rapidement après le tremblement de terre identitaire qui accompagne la séparation de leurs modèles identificatoires. C'est un nouveau plan de montage qui prévaut alors, défini à partir des nouvelles réalités, de la perte de certaines illusions ou croyances et des nouvelles perceptions que l'enfant a de ses parents, de leur personnalité, de leur fonctionnement intime, révélés à l'occasion de la rupture du lien conjugal. Chez certains d'entre eux, il s'agit presque d'une puberté psycho-affective avant l'heure, avec un désinvestissement de leurs imagos parentales. Tout se passe comme si l'enfant opérait une mutation, notamment parce que l'organisation psychique mise en place au moment de l'Œdipe était remaniée et qu'une nouvelle organisation psycho-affective avec une modification des mécanismes de défense psychologique s'installait. Ainsi, on assiste à des retours du refoulé. Lors du développement psychologique normal, il y a un rejet dans l'inconscient d'un certain nombre de représentations mentales (pouvant donner lieu à des désirs) qui sont dérangeantes pour la conscience.

□ Histoire de Lucien

Lucien avait refoulé tous ses désirs exhibitionnistes. Rappelons qu'une certaine forme d'exhibitionnisme est normale chez l'enfant de 3-5 ans, mais que l'éducation de la pudeur et le complexe d'Œdipe conduisent à finalement la refouler. Mais Lucien avait en même temps refoulé toute la dimension extravertie de son caractère. Il avait lié, dans son inconscient désir, exhibitionnisme du corps et exhibitionnisme des sentiments. Après avoir été un petit garçon très exubérant et extraverti, Lucien était devenu, dès 7 ans, un garçon trop sage, timide, effacé et globalement introverti. La séparation de ses parents est venue bouleverser toute sa construction. Tout se passait comme si l'union de ses parents était la poutre maîtresse de son organisation œdipienne. Rompue, elle provoqua l'effondrement de l'ensemble et une faille dans son psychisme qui mit au jour ses désirs refoulés, comme une envolée d'oiseaux se libérant d'une cage enfin ouverte. Ayant bien intégré la norme sociale du haut de ses 10 ans, il retint ses pulsions purement exhibitionnistes (enfin, partiellement, car les enseignants signalèrent des attitudes limites), mais, en revanche, sa timidité laissa place à un tempérament expansif et communicatif, un comportement démonstratif, et son exubérance nouvelle surprit tout son entourage.

□ Histoire d'Angéla

Angéla, petite fille de 8 ans, se caractérisait par une rêverie diurne excessive. Élève moyenne, car toujours distraite en classe, elle avait peu d'amies, préférant ses compagnons imaginaires à des amitiés plus réelles. Elle pouvait passer des après-midi dans sa chambre à s'occuper avec ses jouets. Son activité mentale était plus occupée à cultiver ses rêveries qu'à porter son attention à ce qui l'entourait. Cela avait été sa façon d'échapper à toute souffrance en lien avec l'adaptation aux principes de réalité. Elle restait bien ancrée aux principes de plaisir qui prévalent dans l'âge maternel en passant le maximum de temps dans son monde chimérique. Par la puissance de ses fantasmes, Angéla déniait la réalité. Elle s'inventait notamment une autre famille où ses parents étaient des vedettes de la télévision. Mais la désunion inattendue du couple parental la ramena brutalement sur terre. Son refuge dans la rêverie se révéla incapable de la protéger du stress majeur que la séparation avait provoqué. La rupture déchira le voile de son monde imaginaire. Angela quitta le monde de ses rêves, brida son imaginaire et changea du tout au tout. Anciennement retardataire, elle est devenue ponctuelle ; anciennement distraite, elle est attentive et concentrée, à l'école comme en en tout lieu. Sa vigilance ne la quitte plus. Toujours sur ses gardes, Angela semble dorénavant vouloir exercer une maîtrise sur tout ce qui l'entoure. À défaut de contrôler ses rêves, elle tente de contrôler sa vie, puisque ses parents, les gardiens de ses rêves, en ont, à ses yeux, perdu le contrôle.

□ La formation réactionnelle

On voit aussi des attitudes de formation réactionnelle s'inverser. La formation réactionnelle, c'est un mécanisme psychique utilisé au moment de l'organisation œdipienne, qui consiste, pour le psychisme de l'enfant, à transformer des tendances inacceptables en des tendances opposées, censées devenir permanentes comme des traits de caractère. Ainsi, Francesco qui, souillon, dévergondé, agressif à 4 ans, devient à partir de 6 ans tout l'inverse, donc discipliné, studieux et soigneux, par ce mécanisme de formation réactionnelle. Ce qui définit le mécanisme de formation réactionnelle, c'est sa rigidité et l'aspect stéréotypé de la personnalité résultante. Francesco ne tolère aucun écart dans sa conduite. Le divorce de ses parents lui a fait perdre ses repères et a eu un impact suffisant pour briser la construction de cette formation réactionnelle. Il a retrouvé pour une longue période l'attitude rebelle, négligée et tapageuse de sa prime enfance. Le travail psychothérapique lui a permis de trouver un compromis salutaire entre ses deux tendances opposées et il a gagné au bout du compte une plus grande souplesse de caractère.

Ces changements de caractère et de comportement démontrent l'importance de l'impact que produisent les dissensions entre les parents. Ils montrent aussi que les enfants ont une grande capacité d'adaptation et que, tels des caméléons, ils ont plusieurs cordes à l'arc-en-ciel de leur façon d'être. Il s'agit de veiller à ce que les reconstructions ne se fassent pas aux dépens de l'équilibre de l'enfant. Dans le cas contraire, on n'hésitera pas à prendre un avis spécialisé.

Il a des troubles alimentaires

☐ Il perd l'appétit

La perte d'appétit chez l'enfant est l'une des réactions à l'annonce de la séparation que j'ai souvent pu constater. L'enfant va, dans un premier temps, sélectionner sa nourriture et décider que tel ou tel aliment n'est plus de son goût. Il va préférer absorber des aliments faciles à digérer, type pâtes, purée, frites ou pizza. Revenir aux aliments faciles à absorber, c'est une forme de régression. L'enfant fonctionne au ralenti sur le plan alimentaire en revenant à un stade inférieur de son développement, ce qui lui demande moins d'énergie. Il s'économise pour palier la dépense d'énergie liée au stress de la séparation et de ses conséquences sur lui.

Quand un enfant perd l'appétit pour les aliments, c'est parfois parce qu'il perd l'appétit pour la vie et cela traduit une tristesse profonde. Quand cela n'arrive qu'en présence d'un parent, ce peut être une démarche d'opposition ou de protection vis-à-vis du parent concerné. L'enfant exprime, par exemple, le ressentiment de ne pas voir suffisamment l'autre parent ou croit que le parent concerné est responsable de la séparation. Quand un parent est très angoissé ou déprimé, le jeune enfant peut refuser les aliments préparés par lui comme pour éviter d'absorber son angoisse via la nourriture.

La conduite à tenir, face à ce comportement de baisse de régime alimentaire, est, bien sûr, de se montrer rassurant. Il ne s'agit pas de faire du repas une épreuve de force et il est conseillé de se montrer tolérant vis-à-vis de ses caprices alimentaires. Il est bon de reconnaître son stress en disant par exemple : « Je sais, ta maman est triste et énervée en ce moment, tu ne la reconnais plus, mais cela ne durera pas. En attendant, ton père et moi, comme toute ta famille, continuons de t'aimer et de vouloir que tu grandisses dans ton corps. » Je me souviens d'un père dont l'enfant de 3 ans refusait de manger avec lui le week-end où il l'avait. Je lui ai conseillé de mettre la photo de mariage dans la cuisine. L'enfant, la voyant lors de ses repas, reprit le goût de manger. Nourri quand il était bébé, uniquement par sa mère, il avait besoin de ce rappel imagé pour faire le lien.

D'une manière plus générale, en cas de difficultés à manger après une séparation parentale, on organisera, quand ce sera possible, des repas avec d'autres (amis du parent, copains de l'enfant, membres de la famille) ou bien à l'extérieur (restaurant ou fast-food) pour redonner aux repas un air de fête. Enfin, on associera l'enfant, même très jeune, aux activités de cuisine, pour qu'il retrouve une maîtrise sur ce qui lui est donné à manger et qu'il puisse couper le cordon ombilical qu'il imagine encore le reliant à sa mère quand celle-ci lui donne à manger. C'est moins l'intérêt pour les aliments qui devra nous servir de guide que la prise de poids. Il est des enfants qui, après une séparation, perdent de l'appétit, mais qui, fonctionnant au ralenti sur le plan métabolique, continuent de prendre du poids. En cas de perte de poids il faudra consulter sans tarder.

□ Il se réfugie dans la nourriture

Après une séparation, l'enfant peut ne rien exprimer en termes de tristesse, mais réagir par une augmentation de la prise alimentaire (hyperphagie). Il va s'adonner au grignotage, ce qui peut parfois devenir une véritable conduite boulimique. Tout se passe comme s'il cherchait à remplir le sentiment de vide qui l'envahit alors. Le vide corporel devient le substitut du vide affectif ressenti. Il ressent une rupture dans la continuité de son être du fait du déchirement entre ses deux modèles identificatoires. Il vit la perte des éléments constitutifs qui formaient sa personnalité. Se remplir d'aliments est alors pour lui une tentative inconsciente de retrouver ses « objets » perdus.

Sarah, 10 ans, que j'ai reçue pour comportement boulimique, évoluait dans un milieu où ses parents se déchiraient depuis plusieurs années. Des raisons matérielles et des convictions religieuses empêchaient qu'un divorce ne conclue ces conflits incessants. Cela s'associait chez elle à une attitude globale de retrait, elle avait peu de copines et s'occupait toujours seule. Le comportement boulimique de Sarah a débuté avec les premières dissensions parentales. Elle a expliqué qu'elle avait l'impression qu'en mangeant elle faisait plaisir à ses parents, comme si elle se montrait ainsi bien portante. Comme on dit cela d'un bébé qui a bon appétit. « Quand je mange, je ne pense à rien d'autre, et je ne pense pas à mes soucis avec mes parents. C'est le seul vrai plaisir que j'aie », a-t-elle pu me confier. Un plaisir en tout cas facilement accessible, celui qu'elle avait quand, nourrisson, elle était le bonheur de ses deux parents réunis au-dessus de son berceau. Sarah a remplacé le plaisir que pouvait lui procurer la relation triangulaire avec ses parents en bonne entente par un plaisir oral solitaire. Sommée de renoncer à son attachement à l'image de ses parents unis, elle s'est libérée de cette dépendance vis-à-vis d'eux par une dépendance à la nourriture.

Cette conduite boulimique est également, pour l'enfant, une façon de reprendre dans l'action de manger le contrôle face au sentiment que tout lui échappe. Enfin, elle peut aussi se comprendre ici comme une forme de repli sur soi avec autosuffisance. Les aliments et l'attachement à la nourriture réservent moins de mauvaises surprises que l'attachement à ses parents, alors que l'enfant ressent cruellement la fragilité de ce dernier.

Il faut bien sûr réagir sans perdre de temps, avant qu'une obésité ne s'installe. Il est inutile de disputer l'enfant quand on le surprend en train de grignoter. La culpabilité qui en résulterait ne ferait qu'aggraver le symptôme. Un diététicien pour enfants pourra l'aider à avoir une maîtrise sur les aliments qu'il investit d'une forte charge affective et pourra faire tiers entre l'enfant et le parent gardien (le plus concerné). Des consultations avec un psychologue pour enfants lui permettront de mettre en bouche sa souffrance par des mots ou de la mettre en forme par des dessins ou des modelages.

En tant que parent, votre aide consistera à le rassurer encore et toujours sur la permanence de votre amour et celui de son autre parent. Vous pourrez l'aider aussi à faire un sort à son chagrin autrement qu'en mangeant. Invitez-le à dévorer des livres, à faire venir des amis à la maison ou à chercher avec lui de nouvelles activités de loisirs susceptibles de l'accrocher. Mais surtout, invitez-le à s'exprimer, à dire ce qu'il ressent au fond de lui car, s'il mange, c'est aussi pour éviter de parler (on ne parle pas la bouche pleine). Mais, pour cela, il faut être prêt à tout entendre, y compris des reproches, et ne pas réagir de façon inadaptée, en critiquant son autre parent, par exemple, ce qui le pousserait à se taire.

Il se montre anxieux (peur, tocs, phobies...)

L'anxiété adopte des formes différentes selon l'âge de l'enfant, son tempérament et l'éducation qu'il a reçue. J'ai constaté sa présence continue dans plus de la moitié des situations de séparation, qu'elles soient ou non conflictuelles. L'anxiété, c'est la crainte d'une menace réelle ou imaginaire. Elle se fait volontiers entendre avant la rupture en raison des fâcheries qui affolent l'enfant et qui sont annonciatrices du pire pour lui. Elle est toujours là quand le torchon brûle à la maison. La séparation en tant que telle est parfois un soulagement quand elle met un terme à des violences conjugales qui traumatisaient l'enfant. Mais le climat d'incertitude qui pèse dans les suites d'une séparation est un facteur d'anxiété.

◻ Différents costumes pour une même angoisse

Le changement de cadre de vie génère de l'angoisse, car l'enfant perd ses repères. Il ne sait pas encore à quel rythme il verra son père et sa mère. Souvent, il prend aussi sur lui les inquiétudes de ses parents. Pour les plus grands, les inquiétudes financières existent, car le divorce entraîne généralement une baisse de niveau de vie, surtout chez les mères. L'angoisse peut être généralisée, comme chez Kévin que tout inquiète et qui est toujours sur ses gardes, avec un besoin constant d'être rassuré. Elle emprunte aussi des habits variés selon la personnalité initiale de l'enfant.

Ce peut être un état d'inquiétude permanent le concernant ou concernant son entourage. L'enfant a peur qu'il arrive quelque chose à sa mère ou à sa petite sœur. L'angoisse se cache également derrière des plaintes somatiques : l'enfant a mal au ventre, à la tête ou se dit tout le temps fatigué. Elle se manifeste encore sous la forme d'une irritabilité permanente ou s'exprime par des tics ou du bégaiement. Si l'enfant avait des phobies[1], elles peuvent augmenter en fréquence ou en intensité. Des phobies nouvelles peuvent apparaître. Des TOC[2] peuvent voir le jour comme mécanismes de défense contre l'angoisse.

C'est le cas d'Alexandre, 11 ans. La séparation s'était décidée initialement dans une certaine sérénité. Mais, à mesure que le divorce s'organisait, les querelles croissaient en fréquence. Alexandre s'est mis à avoir des rituels de plus en plus envahissants. Il s'interdisait, en particulier, de toucher à mains nues tout ce qui était en verre, puis tout ce qui était cassable comme les assiettes ou les vases. Il devait, avant de se coucher, respecter tout un programme dans un ordre précis : se laver les dents, se rincer la bouche en utilisant cinq gorgées d'eau, toucher deux fois tous les meubles de sa chambre du plus petit au plus grand et ranger absolument tous ses jouets. Tous ces rituels avaient comme objectif, pour l'inconscient d'Alexandre, d'occuper son esprit par des obsessions et d'éviter ainsi l'irruption de l'angoisse massive consécutive au sentiment de morcellement, de rupture de tous les liens des éléments paternels et maternels en lui. Ces rituels lui donnaient aussi l'illusion d'une permanence des

---

1. Les phobies sont des peurs injustifiées déclenchées par des objets ou des situations. Le simple fait d'y penser déclenche la peur, comme la phobie des chiens.
2. Trouble obsessionnel compulsif : activité répétitive ou rituel que l'enfant se sent obligé de faire, bien qu'il sache que cela n'a pas de sens.

choses, pour tenter de faire front à la disparition du monde qu'il s'était construit dans sa tête.

☐ Les trois séparations qui font peur

L'anxiété de séparation se rencontre souvent dans ces situations. L'enfant, ayant vu ses parents se séparer, va craindre parfois qu'ils n'en fassent autant avec lui. Mais, surtout, c'est le cadre protecteur formé par le couple parental qui s'est effondré. Pour l'enfant, les liens familiaux sont les piliers de la maison qui le protège psychologiquement. Il a élaboré beaucoup de ses mécanismes de défense contre l'angoisse à partir de ces liens. La rupture entre ses parents entraîne, en règle générale, une scission au sein de toute sa famille élargie, et c'est comme si presque tous les piliers s'écroulaient. Ses mécanismes de défense contre l'angoisse sont hors jeu et, le temps qu'il en élabore d'autres, il va vivre avec ses angoisses archaïques de nourrisson. Il ne supporte pas les éloignements d'un ou des deux parents (le plus souvent la mère), que ce soit pour se rendre à l'école ou pour faire des activités de loisirs. Il craint d'être seul, qu'il n'arrive quelque chose au parent concerné, ou appréhende de quitter ses parents en s'endormant, d'où ses difficultés à trouver le sommeil. L'anxiété peut être généralisée. Elle se caractérise alors par une tension permanente. L'enfant est toujours sur ses gardes, sursaute au moindre bruit. Il se replie sur lui-même, sort peu et limite ses activités à celles qu'il connaît le mieux. Il évite les initiatives. Il réagit vivement au moindre stress de la vie quotidienne ou scolaire. L'avenir est source de menaces pour lui, le passé est source de remords comme de regrets et le présent est difficile.

L'enfant peut craindre d'être séparé de lui-même. L'anxiété est alors massive et généralisée et peut se comprendre par une menace identitaire qui touche l'enfant. Quand le divorce est associé à des conflits, ce qui est le cas général, c'est l'identité même de l'enfant qui est menacée. Le psychiatre Maurice Berger écrit : « Pour un enfant, divorce rime forcément avec souffrance. Pas seulement parce qu'il doit renoncer à sa vie d'avant, mais aussi parce qu'il est remis en cause dans ses origines mêmes[1]. » Ce n'est plus seulement de la tristesse occasionnée par la perte, c'est aussi de l'angoisse qui va croître. L'enfant s'est construit psychologiquement, affectivement et socialement en imitant et en s'identifiant, c'est-à-dire en prenant modèle sur ses parents dans le plus intime de leur personnalité. Comme il a physiquement combiné les gènes de ses deux lignées, il va, au cours de son développement, combiner les façons de parler, de se comporter, de penser, d'aimer, bref d'être, de ses deux parents. Et pour cela, la clinique le montre, point n'est besoin qu'il passe beaucoup de temps avec son parent. Car l'autre parent transmet à son insu les caractéristiques de son conjoint et l'enfant s'identifie aussi à ce que chaque parent aime (ou parfois n'aime pas) chez l'autre. Pour reprendre les expressions de Françoise Dolto, quand il est nourrisson, avant de se savoir autonome psychologiquement, il se vit comme « moi-maman » quand il est avec sa mère, et « moi-papa » quand il est avec son père. Ensuite, il continuera de prendre en chacun des façons d'être qu'il s'attribuera et dont l'ensemble, soudé grâce à l'amour qu'il reçoit, va constituer sa personnalité.

Quand il y a une séparation conflictuelle, tout se passe comme si l'enfant était menacé dans la cohérence même de cette combinaison qui détermine sa personnalité ; c'est un véritable déchirement interne. Ce déchirement existe, bien sûr, en l'absence de séparation physique, à partir du moment où existent des conflits majeurs entre les parents. Ces conflits sont d'autant plus violents que les parents vivent toujours

---

1. Maurice Berger, *Mes parents se séparent*, Albin Michel, 2003.

ensemble sous le même toit. L'enfant s'accroche alors à l'idée que, si ses parents restent ensemble, c'est la garantie que sa cohérence interne est maintenue, qu'il ne va pas être dissocié. C'est pourquoi, malgré des conflits majeurs entre ses parents, l'enfant ne va pas souhaiter qu'ils divorcent. En plus de la discordance de ses identifications, l'enfant va douter de sa survie. Se sachant le fruit de l'union de ses parents, il considère la séparation comme un déracinement de l'arbre sur lequel il pousse. Menacé dans ses origines, il craint de mourir psychiquement, car il n'aura plus la sève d'amour nécessaire pour vivre. En l'absence de conflit, cette menace qui pèse sur son sentiment identitaire est très atténuée, voire absente.

S'il est une séparation ultime que peut redouter l'enfant, c'est la mort. L'angoisse de mort n'est pas rare dans un contexte de séparation. Soit elle apparaît pour la première fois, soit il s'agit de la reviviscence d'une angoisse présente lorsqu'il était plus jeune, dissipée d'elle-même, et qui renaît, autrement plus vive. L'explication en est que nombre d'enfants imaginent que leurs parents restent les gardiens de leur vie après la lui avoir donnée. Ils imaginent qu'eux seuls peuvent la lui reprendre. Cela n'est d'ailleurs qu'un des aspects, certes essentiel, du pouvoir divin que l'enfant leur attribue. Cette guerre des dieux rend caduque cette protection. La dés-idéalisation parentale née des conflits lui fait perdre l'illusion narcissique de son invulnérabilité, de son immortalité. Cette prise de conscience serait survenue un jour ou l'autre. Mais elle se révèle ici dans un contexte de tourmentes où plusieurs motifs d'angoisse se juxtaposent. De plus, ses parents ne sont souvent pas en état pour faire face sereinement à cette angoisse de mort. Il ne faut pourtant pas hésiter à parler de ce sujet en donnant ses propres réponses et en proposant celles des autres.

□ La conduite à tenir

Quand l'anxiété est envahissante, il faut consulter directement un pédopsychiatre ou un psychologue pour recevoir une écoute spécialisée et des soins. Mais le devoir des parents est de se montrer rassurants. Pour cela, ils doivent déjà proposer une véritable écoute, à l'abri de l'agitation de la semaine et de la journée, prendre un vrai temps, le soir notamment, pour échanger dans le calme de manière informelle en se montrant disponibles. L'écouter dire ses soucis, écouter aussi ses rêves et ses cauchemars, le laisser parler sans l'interrompre trop rapidement par vos commentaires. Chercher des solutions avec lui en lui demandant ce qu'il a comme idées avant d'avancer les vôtres. Ne pas mêler l'enfant à vos propres angoisses est indispensable. Même s'il semble assez grand, ou assez demandeur, pour jouer les confidents, ce n'est pas son rôle, car il va absorber votre anxiété et être débordé par elle. Il a déjà été trop témoin de l'intimité de ses parents en conflit pour continuer à encaisser l'intimité de vos sentiments d'adulte. Il ne faut pas lui laisser de rôle protecteur sur vous. Sinon, il croira remplacer en cela votre ex-conjoint. Cette responsabilité dont il se chargerait serait, quel que soit son âge, anxiogène pour lui. Si vous vous sentez trop mal, n'hésitez pas à confier votre enfant à des personnes qui seront rassurantes pour lui, comme ses grands-parents, à condition que ces derniers ne placent pas l'enfant dans des conflits de loyauté et restent neutres dans leurs propos sur ses parents. Retrouver une régularité de vie est équilibrant pour l'enfant. La qualité de la relation entre les parents est évidemment le meilleur facteur d'apaisement pour l'anxiété de l'enfant. Que ses parents puissent se retrouver régulièrement autour de lui (si leurs relations ne sont pas trop conflictuelles pour cela) en un temps informel, par exemple un déjeuner hebdomadaire, aurait une fonction radicale de réassurance. Et cela ne sèmerait pas la confusion dans son esprit quant à la réalité de la séparation qu'il vit avec suffisamment de douleur pour ne pas la nier. Les parents qui se séparent tout en protégeant l'enfant des conflits peuvent lui éviter d'être angoissé. Mais il ne s'agit pas pour autant de banaliser les conséquences d'une séparation et, ce faisant, de dénier à l'enfant le droit d'être triste ou inquiet. Enfin, la qualité des relations des parents avec l'enfant, avant la séparation, sur le plan affectif et éducatif est une composante pronostique majeure. Cela signifie qu'un enfant ayant bénéficié avant la séparation d'un cadre harmonieux et satisfaisant aura plus de facilité à traverser sans séquelles cette période d'anxiété qu'un enfant soumis à des relations affectives chaotiques et à une désorganisation éducative.

Il a des difficultés scolaires

Sur le long terme, le divorce des parents a un impact négatif sur la scolarité des enfants. Une étude récente de l'Institut national de la démographie menée par P. Archembault, démographe et sociologue, s'est penchée sur le taux de réussite scolaire des enfants de parents divorcés. Il a observé que ces enfants sont pénalisés en cas de séparation parentale, quel que soit leur milieu social. Il est constaté un plus faible taux de réussite au bac et un raccourcissement de la durée des études. Certains facteurs positifs pour la réussite des études, comme le fait d'avoir une mère instruite, sont annulés par la mésentente entre parents et par leur séparation. Cette étude qui porte sur la séparation ne fait pas la part des choses entre ce qui résulte des conflits entre parents et ce qui provient de la séparation prise isolément comme donnée.

☐ **L'anxiété et ses conséquences**

Dans la pratique, on observe que, dès le court terme, à l'occasion d'une séparation ou de conflits annonciateurs, des difficultés scolaires sont fréquentes chez les enfants concernés. Les causes sont plurielles. L'anxiété est l'une d'elles, notamment l'angoisse de séparation. L'enfant va focaliser toute son inquiétude sur la séparation avec les personnes auxquelles il est attaché et, en particulier, ses parents. En leur absence, quand il est à l'école, par exemple, il va imaginer qu'il leur arrive quelque chose de grave. Cette inquiétude peut aller jusqu'à une véritable phobie scolaire. L'enfant va refuser de se rendre à l'école et résister par des cris et des larmes si on tente de l'y forcer. Il peut se plaindre de maux de ventre, de vomissements ou de céphalées (maux de tête). Si on le force, il réagit parfois avec violence. Il peut sembler renoncer à se défendre, en s'y laissant conduire pour s'en échapper ensuite et rentrer à la maison. Il ne faut pas laisser s'installer et se renforcer cette phobie scolaire, mais consulter sans tarder.

☐ **« À quoi bon ? »**

Une autre cause de difficultés scolaires est le désintérêt pour tout ce que peut ressentir l'enfant victime des conflits entre ses parents. Il perd son dynamisme et n'a plus de motivations pour travailler. C'est d'autant plus remarquable quand il était auparavant un élève studieux. L'enfant ne va plus participer en classe, son doigt ne se lève plus, il n'apprend plus ses leçons, bâcle ses devoirs et oublie ses affaires scolaires. Cela s'observe jusque dans les temps de récréation où il joue de moins en moins avec ses camarades et s'isole. Cela se comprend, car son univers s'effondre et plus rien ne fait sens pour lui. Bien que ses parents n'aient de cesse de dire à l'enfant qu'il travaille pour lui, il ne faut pas se leurrer, le jeune élève travaille à l'école pour faire plaisir à ses parents et correspondre à l'image de l'écolier idéal auquel ses parents aspirent pour lui. Ce n'est qu'à partir de la puberté que l'enfant peut investir véritablement sa scolarité de façon autonome. Du fait de la perturbation de ses imagos parentales, son désir scolaire est tari. Sa tristesse renforce ce désintérêt qui peut être généralisé. La conduite à tenir n'est alors évidemment pas fondée sur les reproches et les attitudes coercitives. L'enseignant sera informé des difficultés que traverse l'enfant et le niveau d'exigence sera abaissé comme on le ferait avec un enfant malade.

Les difficultés de concentration sont une autre cause possible du fléchissement scolaire. Son esprit vagabonde et tourne à vide. En fait, l'enfant concentre toutes ses pensées sur sa situation familiale et sur les moyens de l'améliorer. À cela peut s'ajouter une attention qui a du mal à se fixer, une imagination qui se dessèche et un raisonnement qui se ralentit.

Certains troubles gênant l'apprentissage comme la dyslexie ou la dyscalculie (trouble dans l'apprentissage du calcul), déjà présents, peuvent s'aggraver. Il arrive qu'ils surviennent à cette occasion et participent alors à l'échec scolaire. À la prise en charge rééducative (orthophoniste) doit s'ajouter alors une prise en charge psychologique.

Enfin, des troubles du comportement consécutifs à la mésentente parentale, tels qu'une instabilité ou des attitudes de provocation, peuvent entraîner un rejet de la part des enseignants. On informera le directeur de l'école ou le conseiller d'éducation au collège pour que celui-ci rappelle à l'enfant la permanence des règles, tout en lui manifestant une attention bienveillante accrue.

Les mauvais résultats vont renforcer l'image négative que l'enfant a de lui-même et aggraver son échec par un cercle vicieux. Il importe que tous les adultes concernés par sa scolarité le rassurent sur ses compétences, en rappelant ses résultats antérieurs et en valorisant ses différentes qualités personnelles.

☐ L'impact des dissensions parentales

L'école est malheureusement un territoire de conflit. Les volontés de déménagement, par exemple, sont assujetties aux exigences du juge qui va demander, à juste titre, d'éviter que l'enfant ne change d'établissement scolaire. C'est aussi l'endroit où les parents viennent chercher l'enfant, conduit le matin par un parent et pris en fin de journée par l'autre pour un week-end, par exemple. Quand il y a des tensions autour des modalités de garde, c'est parfois sur le lieu scolaire qu'elles s'expriment. C'est le cas du petit Jimmy, 4 ans, dont la mère refuse qu'il soit confié à une inconnue, amie du père, que ce dernier l'envoie chercher. La directrice de l'école est soumise aux pressions des deux parents, avec moult demandes d'attestation. Les enseignants sont souvent les témoins des dissensions du couple et les carnets de liaison en portent les traces écrites. Les difficultés scolaires de l'enfant peuvent être systématiquement attribuées à l'autre parent quand l'un d'eux est convoqué. Il importe de ne pas vivre les difficultés de l'enfant comme une attaque personnelle. Les remarques des enseignants visent à vous informer, non à vous condamner. Prenez bonne note de ces transmissions et faites aider votre enfant.

☐ La scolarité comme refuge

Cependant, les difficultés scolaires ne sont pas systématiques. L'enfant, au contraire, peut se réfugier dans le travail scolaire. J'ai observé des enfants victimes de la « conjugopathie » de leurs parents qui voyaient l'école comme un abri. L'enfant va surinvestir sa scolarité. Il concentre toute son énergie dans le travail scolaire aux dépens des autres formes d'acquisitions, masquant ainsi sa souffrance à un entourage peu attentif. L'école peut d'ailleurs avoir une fonction salutaire pour lui ; en renforçant positivement ses acquis, elle lui confère une bonne estime de soi dans ce domaine. Elle est un lieu de continuité avec un temps passé, un temps présent et un avenir clairement définissable. L'école devient alors pour lui un espace neutre et un lieu protégé.

C'est aussi pour ne pas causer de torts à ses parents que l'enfant va prendre autant sur lui en travaillant de façon si appliquée. Il espère parfois se déculpabiliser de fautes imaginaires en ayant de bons résultats, pensant que, s'il travaille bien, cela pourrait avoir un impact positif sur les relations entre ses parents. Son objectif est aussi de ne pas en « rajouter » ; ses parents semblent avoir suffisamment de soucis comme cela pour ne pas les préoccuper davantage. Pour d'autres enfin, l'école est un lieu d'émancipation. Ce sont des enfants qui vont faire le contraire de ceux qui régressent. Devenir grand sera pour eux un moyen de protection. On pourrait traduire cela par : « Si je ne suis plus sous la dépendance parentale, si je ne suis plus en *appartenance* avec eux, je n'aurai pas à souffrir de leur désunion. » S'émanciper pour ne plus dépendre, ne plus dépendre pour ne pas souffrir. La réussite scolaire est alors investie d'un pouvoir émancipateur.

□ Les devoirs des parents

Éviter de faire de l'école un lieu de conflit est évidemment une règle absolue. La situation idéale en cas de difficultés à l'école est que les parents puissent rencontrer l'enseignant en compagnie de l'enfant en mettant leurs divergences de côté, ce qui ferait de l'école une instance de rassemblement parental pour l'enfant. On s'interdira d'impliquer l'autre parent quand il sera question d'école lors des échanges avec l'enfant. On ne reprochera pas au père, par exemple, de ne pas avoir fait faire les devoirs pour le lundi quand l'enfant rentre le dimanche soir. Cela ne serait d'aucune utilité (le père ne fera pas mieux la prochaine fois) mais, par contre, donnerait du travail scolaire un aspect d'enjeu conflictuel générateur de stress. Il est souhaitable que, pendant la période de crise durant laquelle les parents sont tendus, ce soit quelqu'un d'extérieur à la famille (un étudiant, par exemple) qui accompagne l'enfant dans ses devoirs ou bien, si on n'en a pas les moyens, qu'il reste à l'étude. On se gardera de lui faire l'« école » soi-même, en lui apprenant à lire par sa propre méthode par exemple, car, en raison de conflits de loyauté entre ses deux parents, il risquerait de rejeter ce qui ne serait pour lui du ressort que d'un seul parent. On limitera la pression sur les résultats et l'on n'ajoutera pas au stress de la mésentente parentale celui de conflits avec l'enfant autour de ses performances. Il est conseillé d'aviser l'enseignant des difficultés familiales sans pour autant le placer comme juge ou témoin d'une intimité trop marquée. Ainsi, ce dernier comprendra l'origine des difficultés de l'enfant et ne les renforcera pas par des critiques mal avisées.

Si les difficultés persistent, on n'hésitera pas à consulter un psychologue ou un pédopsychiatre qui pourra repérer et traiter les difficultés psycho-affectives occasionnant des difficultés scolaires. Julia, 7 ans, a perdu ses capacités en lecture, écriture et calcul. Elle a perdu pied dans les apprentissages. Elle ne comprend plus les règles élémentaires qui régissent l'écrit et n'arrive plus à décoder. Cette confusion fait écho à celle qui recouvre sa situation familiale. Soumise aux conflits incessants de ses parents qui s'opposaient sur la manière de l'élever, qui voulaient avoir « toujours raison », elle ne savait plus, comme elle me le dit, « qui avait raison ». Refusant de choisir, elle a perdu la sienne, de « raison », afin de la leur laisser ou pour que la raison ne soit plus un enjeu entre eux. Devenue incapable de raisonner, la transmission du savoir scolaire ne pouvait passer que dans la répétition. Elle pouvait apprendre, mais ni juger, ni décoder, ni analyser. Les règles transmises par la mère et celles transmises par le père, s'opposant sur un mode binaire, s'annulaient et Julia ne savait plus comment être en règle. Parmi d'autres, elle avait perdu les règles d'orthographe, de grammaire, de calcul. Les consultations avec elle et chacun de ses parents ont permis d'éclairer Julia sur l'intangible (comme ses liens de filiation, les interdits fondamentaux, les lois) et sur la variable (les attentes propres de chaque parent, les règlements particuliers à chaque maison). Nouvellement armée, elle s'est rendue à la raison et a pu reprendre ses apprentissages.

Il ne fait que des bêtises

« Elle écrit sur les murs », « Il casse les jouets de sa petite sœur », « Elle dit des gros mots », « Il renverse son assiette » : les périodes de séparation parentale s'accompagnent souvent d'écarts de conduite, d'indiscipline, de transgression de règles pourtant bien posées et bien intégrées antérieurement. On peut comprendre ces comportements comme une régression. L'enfant revient, de par son attitude et son image de soi, à une période d'avant la séparation. Comme s'il espérait voyager dans le temps et revenir en arrière à l'époque des jours meilleurs. Mais aussi parce que les jeunes enfants, dans leur égocentrisme, imaginent que ce qui survient autour d'eux est le fait de ce qu'ils font ou de ce qu'ils sont. La rupture du lien conjugal de leurs parents peut être interprétée par eux comme la conséquence de leur croissance ; ils opèrent alors un retour en arrière en régressant pour tenter de remédier à ce processus.

□ Une réponse à l'anxiété

Les bêtises de l'enfant sont aussi, bien sûr, l'expression comportementale de son inquiétude et l'agitation est la façon la plus élémentaire de réagir quand on est soumis à des mouvements anxieux. On va donc, au cas par cas, essayer de comprendre avec lui si la bêtise a un sens : « Peut-être que tu es malheureux en ce moment à cause de la séparation ; dans ce cas, on va prendre un peu de temps ensemble pour que tu me dises ce que tu as sur le cœur. »

L'enfant, par ses bêtises, cherche aussi à retrouver ses parents unis dans l'enseignement des règles de conduite, comme ils l'étaient, avant de se désunir. Il espère les réunir dans la réprimande commune. Au moins sur le terrain de la discipline, ils réagissent tous les deux pareillement ! On dira à l'enfant : « Ce n'est pas en faisant des bêtises que papa et maman habiteront à nouveau dans la même maison. On reste tous les deux très contents que tu grandisses et on n'a pas envie que tu redeviennes le petit garçon que tu étais. »

Les bêtises de l'enfant font parfois partie d'une attitude globale de lutte contre un vécu douloureux, voire dépressif. Tout se passe comme si l'enfant s'agitait, ne tenait pas en place et faisait n'importe quoi pour éviter de se laisser aller à penser à ce qui le chagrine. Cela peut aller jusqu'à une conduite pseudo-euphorique. Agité sans être agressif, il passe d'une activité à une autre, semble enjamber tous les obstacles liés à la bonne conduite. Ce n'est pas un enfant qui se plaint, mais il va adopter une conduite désordonnée, des propos inadaptés, une impulsivité et une excitation débordantes. Cette hyperactivité ne mène à rien de constructif et se fait au détriment de sa scolarité, mais aussi de ses activités de loisirs, y compris du jeu solitaire. L'enfant n'arrive plus à se poser pour élaborer des jeux solitaires. Seuls, la télévision ou les jeux vidéo ont le pouvoir de capter son attention. Cette pseudo-euphorie représente finalement, avec la tristesse, les deux faces d'une même pièce : celle de la dépression, qu'il convient de faire prendre en charge.

□ **Tester le couple parental**

C'est surtout le parent gardien, et la mère en particulier, qui fait les frais des bêtises et des écarts de conduite. Avec le père qui n'a l'enfant que le week-end, cela se passe souvent bien, ce qui lui fait parfois dire vilainement à son ex-femme : « C'est parce que tu ne sais pas l'élever ! » L'enfant cherche ici à réunir ses parents. C'est à ses deux parents qu'il a appris à obéir. Le couple divisé, il va tester pour savoir si les interdits fixés sont bien des interdits communs ou s'ils sont propres à chaque parent. C'est pourquoi il est fondamental pour l'enfant que le parent soit informé des bêtises qu'il fait chez l'autre et qu'il dispute l'enfant pour cela en lui disant : « Je ne suis pas d'accord avec les bêtises que tu fais chez ta mère. Tu dois lui obéir, sinon je te punirai. » Cela doit être vrai dans les deux sens, et la mère doit aussi réprimander l'enfant des bêtises qu'il peut faire chez son père. Cela aura un effet rassurant pour l'enfant qui retrouvera ses deux parents réunis dans son cœur quand il adoptera une bonne conduite ; les résultats sont parfois spectaculaires.

□ Réinterroger les règles

Certains enfants semblent avoir véritablement oublié toutes les règles apprises. Il y a chez eux comme une confusion entre ce qui est possible et acceptable et ce qui est répréhensible. L'explication de ces comportements s'explique par une sorte de désintégration du surmoi de l'enfant. Le surmoi, ce sont les règles, les limitations et les interdits que l'enfant a intégrés lors de son éducation. Élevé par ses deux parents, il a intégré concomitamment ces consignes bifocales et les a liées en lui. La séparation déclenche dans son esprit une rupture de ces liens et une dislocation de ce code civil. Il y a comme une régression pendant la période qui précède la mise en place de ce surmoi et l'intégration de la moralité et de la bonne conduite sociale. Il faut donc lui dire et lui répéter que ce qu'il avait ou non le droit de faire avant la séparation de ses parents est toujours valable. On l'assurera que ces règles ont toujours cours, que celles-ci lui aient été signifiées par son père ou par sa mère : « Ce n'est pas parce que maman et papa n'habitent plus dans la même maison que tout a changé. Il est toujours interdit de faire ce genre de bêtises. Et papa et maman restent d'accord là-dessus. D'ailleurs, si tu recommences, je serai obligé de lui en parler. »

□ Une réaction à la souffrance parentale

Mais les mauvaises conduites de l'enfant se comprennent aussi à la lueur de la souffrance psychologique de ses parents. Dans les situations de séparation, il n'est pas rare qu'un ou les deux parents soient atteints au point de présenter un état dépressif plus ou moins masqué par des médications qui, si elles peuvent corriger certains symptômes, n'ont pas toujours un impact suffisant sur la qualité des relations affectives de la personne concernée. Face à une mère devenue moins disponible physiquement, affectivement et/ou moralement, l'enfant va réagir en la sollicitant davantage, en cherchant à la pousser dans ses retranchements, ne serait-ce que pour retrouver sa maman d'avant, et ce, quel que soit son âge. En réaction à l'apathie et au ralentissement propres aux personnes déprimées, le petit peut s'agiter, crier, devenir instable, se mettre en danger comme s'il tentait de la réveiller. Françoise Dolto, la première, avait constaté ce type de réaction chez l'enfant et avait nommé cette attitude à visée « thérapeutique » de la part de l'enfant cherchant à faire réagir sa mère : l'« électrochoc du pauvre ». Il cherche aussi à se faire punir, motivé en cela par une culpabilité liée à la séparation dont il pourrait se croire responsable, convaincu en cela par la moindre disponibilité de son parent déprimé, qu'il interprète comme une punition. Mais aussi car la mère déprimée prend moins de plaisir à s'occuper de son enfant qui le ressent et en perd une partie de son estime de soi. De plus, la mère déprimée a du mal à poser des limites. Elle cédera sur un point important et réagira de façon outrancière à une petite bêtise. Elle n'arrive plus à moduler ses attitudes éducatives et, du coup, l'enfant perd aussi ses repères. Il est important que les parents déprimés, et en particulier le parent gardien, n'hésitent pas à s'occuper d'eux-mêmes et à se faire soigner. Si ce n'est pour eux, au moins que ce soit pour l'enfant.

À l'occasion d'une séparation, on modifie parfois son attitude éducative. Surtout si on se reposait sur l'autre pour une partie de cette éducation, notamment celle qui touche au respect des règles de vie. Il faut parfois du temps, en tant que parent, pour prendre à son compte les conduites éducatives que l'on déléguait à l'autre. Dans ce temps de flottement, l'enfant se répand et met en lumière cet espace éducatif manquant. Il arrive aussi, quand l'enfant qui nous paraît suffisamment mature ou que l'on n'a pas soi-même d'autre confident, que l'on se confie à lui et qu'on lui livre ses états d'âme. Ce faisant, on se conduit avec son enfant comme avec son égal. Il peut alors se croire tout permis et se montrer insolent vis-à-vis de vous ; ne serait-ce que pour s'assurer que vous allez réagir et qu'il n'a pas tous les droits sur vous, car cela pourrait l'angoisser. En effet, s'il est au-dessus de vous, qui le protégera en cas de problème ?

Ses bêtises sont malheureusement parfois interprétées comme le bras armé d'un parent contre l'autre. L'enfant est parfois pris dans les mailles des conflits entre ses parents et prend parti pour l'un contre l'autre, en se confrontant à celui qu'il va imaginer coupable de la séparation ou du chagrin occasionné à l'autre. Il faudra lui dire et lui redire qu'il n'a pas à prendre parti dans ce conflit et qu'en se conduisant mal avec un parent, il déshonore le choix fait par chacun des parents de lui donner la vie ensemble. Et que, si la loi impose aux parents de protéger et de répondre aux besoins de leur enfant, elle impose aussi aux enfants de respecter leurs parents. Dans le cas où l'enfant serait vraiment impossible, une rencontre avec un juge pour enfants lui permettra d'entendre dire cette loi.

Il devient agressif

□ Les ressorts de l'agressivité

En dehors des circonstances particulières des changements d'une maison à l'autre décrites plus haut, les moments d'agressivité chez l'enfant ne sont pas rares dans les situations de rupture. L'enfant en veut à ses parents de lui avoir fait ce « mauvais coup ». Il ressent cette séparation comme une violence morale qui lui est infligée. Ce n'est d'ailleurs pas mauvais signe qu'il exprime ainsi sa colère. Elle est aussi un moyen de lutter contre un vécu de passivité face à des événements qui le dépassent, une façon d'éviter la tristesse et un refus de se laisser aller. L'enfant peut également exprimer par son agressivité le sentiment qu'on lui cache quelque chose, qu'on ne lui a pas tout dit. Il veut connaître la « vraie » cause du divorce, qu'on lui cacherait, car il croit que chaque chose a une explication. Son agressivité est parfois dirigée électivement contre un parent plutôt qu'un autre.

Dans les situations très conflictuelles, il arrive malheureusement que l'enfant soit « manipulé » par un parent et qu'il soit pris dans une telle aliénation parentale qu'il n'a pas d'autre choix, s'il ne veut pas être destitué par le parent manipulateur, que de se montrer hostile envers l'autre. Les comportements agressifs de l'enfant trouvent aussi leur source dans une simple imitation des conflits conjugaux entre parents. Surtout si ces conflits sont anciens, l'enfant finit par les intégrer comme des modes « normaux » de communication. Habitué à voir, par exemple, son père se montrer agressif avec sa mère, il peut même imaginer que c'est ainsi qu'elle attend qu'on s'adresse à elle. Il est évidemment indispensable d'expliquer à l'enfant qu'il n'a pas à imiter son père et sa mère quand ils se disputent, car ils se disputent en tant que mari et femme ou ex-mari et femme et qu'il n'a pas à se mêler de cette relation. Mais il est bien sûr encore plus profitable à l'enfant qu'en sa présence, on ne se dispute pas, ni ne tienne des propos agressifs contre l'autre parent. Les enfants sont particulièrement sensibles aux aspects externes des conflits, aux manifestations physiques et bruyantes. Dans la mesure où l'éducation qu'il a reçue a consisté, en grande partie, à se « tenir », à ne pas se laisser dominer par ses émotions, il sera plus à l'aise face à une agressivité retenue, ni dite ni agie, entre ses parents, que face à des scènes de ménage.

□ Une agressivité déplacée

Cette agressivité n'est pas toujours dirigée contre les parents. Elle peut l'être contre la fratrie. Certains enfants répètent entre eux les conflits de leurs parents. Ce faisant, ils poursuivent leurs identifications parentales. Ils rejouent les conflits comme pour mieux les intégrer et les supporter. Plus souvent, c'est en dehors de la maison, et notamment à l'école, que va se manifester leur agressivité. Violence verbale, mais aussi violence physique ; un enfant jusqu'alors sociable peut se montrer bagarreur, tout en accusant les autres de le provoquer. S'il agresse les autres, c'est pour évacuer l'agressivité qui l'imprègne. Cela lui permet aussi d'évacuer l'anxiété et de lutter contre le sentiment de dépression qui l'envahit par moments. C'est vrai que ses camarades, du fait de son changement d'humeur, ne le reconnaissent plus et viennent parfois le « chercher » en le titillant pour « retrouver » leur camarade. Mais c'est surtout son agressivité et sa réactivité qui posent problème. Ce faisant, il attire aussi le regard des adultes hors de sa famille, et en particulier le personnel éducatif, sur des comportements dont il est lui-même le témoin puisqu'il répète l'agressivité qui lui apparaît, dans les modèles que ses parents lui proposent, comme une modalité relationnelle normale de résolution des conflits. Il espère inconsciemment savoir, grâce aux réactions de ces adultes éducateurs, comment réagir face à cette violence impossible à digérer. L'erreur serait qu'en réponse à ces attitudes, on se contente de le punir sans prendre le temps de dialoguer avec lui pour y voir plus clair.

◻ Comment réagir ?

On ne doit pas laisser les choses s'envenimer et, en cas de comportement agressif à l'école, il faut s'efforcer d'accepter les remarques de l'enseignant, sans les prendre comme une accusation qui ferait de vous un mauvais parent. À l'enfant, on dira que l'on comprend sa colère que les choses ne soient plus comme avant, et qu'on l'accepte. Mais, s'il a le droit d'être en colère, il ne doit pas pour autant être agressif avec les autres enfants. Il peut donner des coups de pied dans les murs, pas sur ses camarades. Il peut surtout, avant de cogner, les prévenir qu'il est énervé et qu'aujourd'hui il vaut mieux ne pas l'approcher. Enfin, les jours où l'on est très énervé, c'est comme les jours où l'on est malade, on peut, si c'est possible, ne pas aller à l'école. À la maison, s'il est petit, il aura son bonhomme colère, sorte de poupon qu'il pourra maltraiter pour dire et soulager son agressivité. On veillera, en tant que parent, à ne pas provoquer celle-ci : ne pas être trop agressif avec lui, ne pas critiquer l'autre parent devant lui, lui expliquer les changements qui s'annoncent (par exemple, l'arrivée d'une compagne à la maison), protéger sa place à la maison (et ses affaires quand il n'est pas là), privilégier le dialogue à deux, ne pas l'envahir de son intimité et lui rappeler qu'on est content de l'avoir conçu *avec* sa mère ou son père. On pourra laisser à la maison un « carnet de plaintes » qu'on s'engagera à lire et sur lequel il pourra écrire les frustrations qu'il n'ose pas dire verbalement.

Il fait des cauchemars

Le tourment de l'enfant profite volontiers de la nuit pour se dire. Il prend alors des habits de cauchemar. C'est surtout en début de nuit qu'ont lieu leurs représentations, les rêves agréables fermant la marche en fin de nuit, comme pour panser les blessures nocturnes. La petite enfance (entre 3 et 5 ans) et la puberté (12-14 ans) sont des saisons propices à l'éclosion des cauchemars. Ils témoignent des remaniements affectifs normalement intenses à ces âges. Les scissions parentales lors de ces périodes, interférant dans ces réorganisations psychiques, vont jeter de l'huile sur le feu et accroître l'intensité ou la fréquence de ces rêves d'angoisse.

□ Une façon de « digérer »

C'est surtout à partir de 6 ans, âge des nuits paisibles, que les cauchemars doivent alerter. Ils font suite à un traumatisme, ici celui de la séparation parentale, et témoignent d'une tentative de mise en place de mécanismes de défense psychique pour supporter la situation et éviter la dépression. Il va revivre les scènes clés de la séparation pour essayer d'en lever le traumatisme et de trouver une issue psychologique. Ces scènes sont écrites en langage onirique, c'est-à-dire métaphorique, qu'il faudra savoir interpréter. Il y est question de la disparition de ses parents ou de la sienne propre. La peur de sa néantisation et sa culpabilité sont souvent évoquées. L'absence de solution soulageante au scénario de son rêve déclenche le réveil anxieux. Le travail psychique de « digestion » des événements pénibles de la journée occupe une bonne partie du sommeil, appelé sommeil paradoxal, sans doute car c'est le temps des rêves et de leurs paradoxes. Quand cette « digestion » est difficile, le rêve devient cauchemar et, en guise de « renvoi », on assiste à des réveils qui marquent une tentative avortée d'assimilation.

L'angoisse de mort citée plus haut se manifeste sous forme de rêves avec des revenants ou des morts vivants. Cela témoigne d'un traumatisme important lors de la séparation qui a comme rigidifié le psychisme de l'enfant, lequel s'est vécu alors comme n'étant plus rien. À cette perte de soi-même s'est ensuivie une tentative de créer un autre soi qui prendrait le relais du soi précédent qui en est resté au moment traumatique de la séparation. C'est une sorte de clivage psychologique. Les cauchemars de revenants témoignent de cet autre soi, sorte de mort vivant laissé en arrière, mais vers lequel on revient, dans une répétition morbide, chaque fois que l'on essaie de s'en éloigner.

☐ Comment réagir ?

Si l'enfant se réveille en criant ou en pleurant, ou s'il vient vous rejoindre, ne le grondez pas, bien sûr, mais raccompagnez-le dans son lit. Il ne s'agit pas ici de caprice, mais de réelle détresse. Il faut le rassurer pour l'aider à se rendormir. Lui dire que vous êtes là pour le protéger, qu'il se fait sans doute beaucoup de soucis à cause de la séparation, mais qu'aucun de ses deux parents ne le laissera tomber. Montrez-lui une photo de ses deux parents réunis qu'il aura posée sur sa table de nuit ou tendez-lui un objet ou une écharpe du parent absent éventuellement porteur de son parfum. Un enfant que j'ai suivi a soulagé ses difficultés d'endormissement avec un nouveau doudou, composé des foulards de son père et de sa mère noués ensemble. Lui redire que, même si vous vous disputez avec son autre parent, vous ne regrettez pas de l'avoir aimé. S'il n'arrive toujours pas à se rendormir, demandez-lui qu'il vous raconte son cauchemar et aidez-le à trouver des solutions. Ainsi, s'il vous parle de la méchante sorcière qui veut l'enlever, vous pouvez lui donner des idées pour se protéger, comme se sauver en courant, se cacher, cacher le balai de la sorcière, négocier avec elle, faire appel au magicien ou à la fée ou encore à la police, bref, l'aider à mettre en place métaphoriquement d'autres mécanismes de défense. Vous pouvez aussi lui proposer de dessiner son cauchemar pour, ensuite, une fois fixé sur le papier, enfermer ou jeter ce papier pour que ce cauchemar ne puisse pas revenir. Auprès des plus jeunes, des boîtes en métal placées auprès du lit peuvent être désignées comme des « attrape-cauchemars ».

On évitera, sauf exception, de donner des somnifères, même ceux qui sont indiqués pour les enfants, car ils perturbent la qualité du sommeil paradoxal et donc la mise en place des processus d'élaboration des mécanismes de défense contre l'angoisse. On préférera, pour les plus jeunes, un peu d'eau de fleur d'oranger dans du lait tiède et sucré. Les enfants qui ont été habitués à voir leurs angoisses nocturnes étouffées par des prescriptions médicamenteuses sont devenus des adolescents qui n'avaient d'autre remède au moindre malaise que la prise de produits tranquillisants prescrits ou illicites. Mais le vrai remède, c'est que l'enfant ait la possibilité de mettre des mots sur ses difficultés et, pour cela, il a besoin d'une écoute attentive, bienveillante et sereine. Si son entourage n'est pas en mesure de la lui apporter, des entretiens avec un psychologue pour enfants ou un pédopsychiatre l'aideront.

☐ Histoire de Margaux

Il est aussi des divorces qui se passent très bien. Où les parents ne se disputent pas. Où l'on se sépare à l'amiable et où chacun retrouve un partenaire. On parle de divorce réussi. Et c'est vrai qu'un divorce sans conflits n'a rien à voir, en termes de conséquences négatives sur l'enfant, avec un divorce conflictuel. Cependant, des contrecoups psychologiques restent possibles en cas de bonne entente parentale. Les parents de Margaux, 10 ans, me consultent car leur fillette a des terreurs nocturnes. Presque chaque nuit, Margaux s'assied brusquement sur son lit tout en dormant. Elle crie, pleure, respire vivement, est en sueur, son cœur bat la chamade, elle a le regard halluciné comme en proie à une terreur. Elle bredouille quelques mots incompréhensibles, fait quelques gestes de la main, chaque fois les mêmes. Ses parents n'arrivent pas à la calmer, elle ne les reconnaît pas puisqu'elle dort. Au bout de quelques minutes, la crise s'interrompt et Margaux se rendort. Au réveil, elle ne garde pas le souvenir de l'épisode. Margaux ne présente aucun autre symptôme, comme si ces conflits glissaient sur elle ; mais, en fait, c'est la nuit que tout ressort chez cette petite fille trop sage, qui ne se plaint de rien, de crainte de rajouter de l'huile sur le feu de la guerre entre ses parents.

Les parents ont consulté un neurologue qui leur a dit (en accord avec les positions communément admises médicalement) que les terreurs nocturnes sont une forme de somnambulisme et qu'il n'y a pas de traitement, en dehors éventuellement de prescription de neuroleptique[1] tous les soirs. J'explique aux parents que, sur un plan médico-psychologique, les terreurs nocturnes peuvent traduire des angoisses trop vives pour pouvoir être représentées, mises en scène, mises en image dans un rêve-cauchemar normal. C'est impossible à élaborer pour l'appareil psychique de Margaux. J'ai constaté que les terreurs nocturnes touchaient des enfants qui maîtrisaient beaucoup leurs émotions et leurs sentiments. Ou des enfants phobiques qui craignaient de penser pendant la journée à des choses angoissantes, de peur qu'elles ne se réalisent ; ce qui était le cas de Margaux.

Les rêves et les cauchemars servent à laisser s'exprimer des pensées que l'on refuse d'envisager consciemment, en état de veille. C'est un espace de défouloir. Chez les enfants

---

1. Médicament à visée sédative agissant sur le système nerveux, non dénué d'effets secondaires.

ayant des terreurs nocturnes, tout se passe comme si le contrôle était si fort que l'enfant en vient même à censurer ses rêves. Trop retenues, ou détruites, ces pensées, ces représentations prohibées dégagent une énergie qui sort sous la forme de terreurs nocturnes. Il n'y a pas de représentation comme dans un rêve ou un cauchemar (on ne peut donc traduire ou interpréter quoi que ce soit). Seule apparaît l'énergie de combustion de leur destruction qui s'évacue sous la forme stéréotypée de la terreur nocturne. Margaux est une petite fille modèle. En bonne santé, très bonne élève, sérieuse, aimable, polie, gentille, sociable, elle ne cause de désagrément à personne. Lorsque ses parents se sont séparés, que son père a quitté sa femme pour en épouser une autre, que sa mère s'est mise en ménage, tout s'est passé dans le calme, le respect de l'autre ; tout s'est fait raisonnablement. Pas de cris, pas de larmes devant les enfants. On leur a dit que leurs parents restaient leurs parents, que personne n'était coupable, et aucun parent n'a critiqué l'autre. Les parents continuent de s'appeler et s'entendent très bien. Les beaux-parents sont tout aussi exemplaires. Margaux, en fille bien élevée, a « accepté » le divorce sans se plaindre. En la recevant avec ses parents, je pensais au sketch de Danny Boon « Je vais bien, tout va bien ! » où l'on voit un individu se persuadant que le bonheur est possible, un élastique aux commissures des lèvres pour maintenir son sourire, alors que tout s'effondre autour de lui. Les terreurs nocturnes de Margaux ont débuté deux ans auparavant, c'est-à-dire dans les suites immédiates du divorce.

Il a fallu de nombreux entretiens afin de permettre à Margaux d'être suffisamment en confiance pour exprimer ses regrets de la séparation, sa tristesse, et émettre quelques reproches envers ses parents ou ses beaux-parents. Dans le même temps, chaque parent a pu dire des souffrances d'enfance, dépassées, certes (vive la résilience !), mais jamais vraiment soulagées par le verbe, l'écoute et l'analyse. À mesure de ces entretiens, les terreurs nocturnes ont laissé place à des cauchemars, puis ceux-ci se sont éteints à leur tour.

Il se met à mentir

Alexandra, 8 ans, est une fille qui a grandi sans difficultés particulières jusqu'à ce que ses parents se séparent après huit ans de vie commune. Elle séjourne une semaine sur deux chez chacun de ses parents. C'est ensemble qu'ils l'emmènent à ma consultation, car elle n'a de cesse de mentir. Ces mensonges sont autant des mensonges « utilitaires », pour masquer une bêtise par exemple, que des mensonges qui ne semblent avoir aucune justification. Ainsi, elle raconte à l'un de ses parents qu'elle fait avec l'autre des activités qui ne sont que le fruit de son imagination. Auprès de ses camarades d'école, elle s'invente des exploits et une famille plus riche ou plus célèbre, comme l'a rapporté son enseignant.

Chez l'enfant d'âge préscolaire, le mensonge s'explique souvent par le fait que l'enfant distingue malaisément le vrai du faux, le réel, le ludique et le virtuel. La découverte de pouvoir altérer sciemment la vérité est alors une étape fondamentale pour lui. Elle marque en effet la prise de conscience par l'enfant de son autonomie psychique. Il prend conscience que ses parents ne sont pas tout-puissants sur sa pensée et, au même titre qu'il est capable de marcher seul, il peut penser en toute liberté ! Mais, normalement, au-delà de 7 ans, il intègre les valeurs morales et sociales qui le poussent à ne plus mentir afin de s'assurer la reconnaissance de son entourage et, de fait, une bonne estime de soi. Les mensonges ne sont alors utilisés que pour se protéger.

Dans le cas d'Alexandra, le mensonge, qui n'avait plus cours depuis qu'elle était à l'école primaire, est réapparu comme directement réactionnel à la séparation. En dehors de ces mensonges, cette fillette ne présente pas d'autres troubles. Elle a un bon niveau scolaire et une bonne conscience de soi et des autres. Les entretiens que j'ai eus avec elle m'ont permis de comprendre de quoi il retournait. Alexandra a interprété la rupture de ses parents comme un énorme mensonge, mensonge par rapport à ce qu'on lui avait fait croire. Son système de croyances reposait sur l'assurance qu'il y avait une permanence de son mode de vie familial. La rupture est venue battre en brèche son système de valeurs. Le lien unissant ses imagos parentales était pour elle le mur porteur de sa construction dans son rapport à la réalité. Ce lien défait, son système a pris l'eau en attendant qu'une nouvelle élaboration le remplace. C'est ce que la psychothérapie a permis de réaliser.

□ Le mensonge des parents

J'ai trouvé, au cours de ma pratique, d'autres explications aux mensonges compensatoires après une séparation. Dans les situations de divorce, les parents en viennent à mentir à leur ancien partenaire, ne serait-ce que parce que la séparation est judiciarisée et qu'il y a des enjeux à la fois financiers et concernant la garde des enfants. Les parents se mettent aussi à mentir à l'enfant, pensant le protéger ou se protéger de son jugement. Le mensonge ou ses assesseurs, les « non-dits », sont aussi fréquemment à l'origine de la séparation. Le mensonge devient alors un mode de communication intégré par l'enfant qui voit ses parents dévaloriser leur propre parole. Le mensonge de l'enfant est sa façon de dire qu'il n'est pas dupe des menteries parentales. Le traitement consiste alors à revenir à une parole vraie dans la famille.

□ Échapper au présent

Le retour du mensonge peut s'inscrire aussi dans une attitude régressive, qui va éventuellement toucher d'autres domaines en concomitance (énurésie, difficultés scolaires, jeux avec des plus jeunes). L'enfant retrouve ses modes de fonctionnement antérieurs, du temps où ses parents étaient encore ensemble, comme si c'était sa croissance, son développement qui avait provoqué la séparation de ses parents. Cette régression pouvant aussi faire partie d'un syndrome dépressif, elle est alors associée à une tristesse et à un ralentissement global nécessitant une prise en charge spécialisée.

En s'inventant une nouvelle famille, un nouvel univers, l'enfant essaie d'échapper à sa situation présente. Il s'invente de nouveaux parents qui n'ont que des qualités et qui, surtout, ne se sont pas séparés. Il s'agit pour lui de compenser l'image négative que les conflits intrafamiliaux ont livrée de ses parents. Il arrive que l'enfant se construise un double, un frère, une sœur ou bien un ami dont il parlera pour expliquer certains de ses comportements. « J'ai laissé mon pull chez papa parce que Victor allait avoir froid », raconte William, 6 ans, à sa mère qui ne rencontre Victor que dans la bouche de son fils. En ce sens, ce sont des mensonges compensatoires, car ils permettent à l'enfant de protéger son narcissisme (son image de soi) altéré par la scission parentale.

Ces mensonges peuvent aller jusqu'à un refuge dans la rêverie. Dans ce cas, l'enfant lui-même distingue mal la réalité de ses rêveries. Ces rêves éveillés ont alors une fonction similaire à celle des rêves nocturnes, c'est-à-dire l'accomplissement imaginaire de ses désirs, mais aussi une tentative d'élaboration des angoisses nées des conflits inconscients. L'enfant va se créer son cinéma privé et fuir ainsi une réalité qu'il rejette ou dans laquelle il perd pied. Ce sont des abris et des moyens d'éviter la confrontation à des situations relationnelles vécues comme pénibles. Souvent, ce refuge dans la rêverie s'associe à un amoindrissement du raisonnement et de la prise d'initiative. C'est l'affectif qui envahit tout le psychisme au détriment du cognitif et de la mise en acte. Cela témoigne de carences dans les apports affectifs habituels ou d'égarement dans la compréhension de sa filiation. Une prise en charge globale de la famille s'avère alors indispensable.

☐ **Le mensonge utilitaire**

C'est le plus fréquent. L'enfant va mentir à ses parents pour les protéger de contrariétés, masquant ses mauvais résultats scolaires ou ses bêtises pour ne pas les rendre tristes et ne pas en « rajouter » à leurs soucis. Les mensonges utilitaires visent aussi à protéger diplomatiquement l'image d'un parent aux yeux d'un autre afin d'atténuer les conflits. C'est notamment présent quand l'enfant est utilisé comme messager, qu'un parent l'utilise pour avoir des informations sur l'autre parent. Le mensonge de l'enfant est alors comme un compromis entre se taire et ne pas trahir le parent visé.

La conduite à tenir, pour les parents, est bien sûr de retrouver eux-mêmes le chemin de la vérité. Il faut dire des paroles vraies sur la séparation, mais dire vrai, ce n'est pas tout dire, et il faut transmettre la vérité seulement sur les faits qui concernent l'enfant. Dire vrai implique de laisser sa colère à la porte et de se souvenir que la vérité est dupe du cœur, surtout quand on parle de son ex-partenaire à l'enfant. Dénigrer l'autre parent aux yeux de l'enfant est toujours un men-

204

songe pour lui puisque c'est ce parent que vous avez choisi pour lui donner la vie. Cette contradiction pourrait lui faire douter du sens même de sa propre existence, s'il n'entendait pas ces propos comme mensongers. Si on ne peut s'empêcher de critiquer l'autre parent, en ce cas, on critique un acte, un comportement, une parole, mais pas la personne dans son ensemble. On dira : « On ne doit pas avoir ce comportement », au lieu de : « Ton père est méchant. » Si on ne peut pas s'empêcher de dire sa colère devant l'enfant, on dira « mon ex-mari » ou « mon ex-femme » plutôt que « ton père » ou « ta mère », afin que l'enfant ne soit pas touché personnellement par ces attaques. Il faut surtout ne pas s'emporter quand l'enfant dit sa vérité, même si, comme l'écrit Shakespeare dans *Henri V*, elle doit faire « rougir le diable ». Il ne faut pas placer l'enfant dans des systèmes d'aliénation parentale où, pris dans un chantage affectif, il n'a d'autre choix que de mentir pour se protéger et protéger les siens. Quand, en tant que parent, on sera témoin de propos tenus par l'autre parent sur son compte, on se gardera de le dénigrer en retour. On expliquera à l'enfant que, dans les situations de séparation, les mots entre mari et femme ne lui sont pas destinés et qu'il n'a pas à les écouter. Au même titre que, quand ils étaient ensemble, il n'avait pas à voir ce qui se passait entre eux dans la chambre. Ces mots ne lui parlent ni de son père ni de sa mère, simplement, ce sont des mots d'anciens amoureux qui ont remplacé des sentiments par d'autres. Or la vérité des sentiments n'existe que pour celui qui les possède. Lui ne doit écouter que les paroles que son père et sa mère lui destinent personnellement.

◻ **Quelques conseils**

Ni punitions, ni leçons de morale à répétition ! On pourra lui dire qu'il a peut-être l'impression qu'on lui a caché la vérité au sujet de la séparation, mais que l'on n'a pas d'explication simple à donner. Dites-lui que ni son père ni sa mère n'ont pu maîtriser la situation amoureuse actuelle et qu'ils ont été, comme lui, emportés par cet ouragan. L'enfant imagine qu'il y a une explication, un acte fondateur de la séparation, comme il y a eu un acte fondateur de sa conception (la fameuse scène d'amour primitive qui a donné lieu, neuf mois plus tard, à sa naissance). Il arrive également qu'il imagine qu'on veuille lui cacher ce qui s'est passé à ce moment précis. Dans ce cas, il va n'avoir de cesse que de chercher la fameuse cause originelle, jusqu'à ce que l'on parvienne à lui faire entendre raison sur le sujet.

On peut aussi lui dire, quand il ment sur ce qu'il a fait, qu'il aimerait peut-être que les choses se soient passées comme il le décrit, mais que vous savez qu'il en est autrement et que le fait qu'il mente ne changera rien à la réalité. Montrez-lui, sans vous mettre en colère, que vous n'êtes pas dupe, que vous savez que sa réalité le rend triste, mais que vous allez tout faire pour l'améliorer. Et faites-lui remarquer les dangers du mensonge qui isole des autres et qui permet d'aller loin, mais souvent sans espoir de retour.

Il ne veut pas aller chez son père

Il arrive souvent que l'on comprenne le choix de l'enfant, car on peut juger son père défaillant ou ne pas apprécier sa belle-mère[1]. Il arrive aussi que ses propos nous fassent plaisir si l'on attend de son enfant un jugement, au minimum, de valeur. Plus l'enfant est jeune, plus il perçoit les réserves que sa mère a de le confier à son père, quand bien même elle n'en dit rien. L'enfant qui refuse alors de se rendre chez son

---

1. Bien entendu, les conseils restent les mêmes s'il « ne veut plus aller chez sa mère ».

père va se contenter d'exprimer haut et fort cette réticence. En dehors de tout regimbement maternel, les va-et-vient d'un lieu de vie à un autre ne sont pas faciles pour le petit enfant qui doit, à chaque fois, s'adapter à de nouvelles règles et à un nouvel environnement matériel et affectif. S'il a été plus habitué à côtoyer sa mère dans son quotidien, la quitter est chaque fois un arrachement. S'il sent sa mère fragile, malheureuse ou seule, alors qu'il sait son père en couple ou avec de nouveaux enfants, il peut craindre d'abandonner sa maman à son triste sort.

Il faut réexpliquer à son enfant, si la séparation s'est faite à « l'amiable », que c'est son père et sa mère qui se sont mis d'accord pour ce mode de garde et qu'ils doivent être d'accord tous les deux pour en modifier la teneur. Sinon, dites-lui que, comme ses parents n'arrivaient pas à se mettre d'accord à 100 %, c'est le juge qui a prononcé ce mode de garde et que les parents doivent en respecter le jugement car il a force de loi. Précisez qu'il doit voir son père car il a l'auto-rité parentale sur lui jusqu'à ses 18 ans et qu'il a beaucoup à lui transmettre. Mais il faut aussi ajouter que vous avez besoin d'avoir du temps pour vous, pour vous détendre, pour vos loisirs et pour voir vos amis. Votre enfant a besoin de savoir, surtout si vous êtes le parent gardien pour les deux tiers de temps ou plus et que vous vivez seule avec vos enfants, qu'il n'est pas tout pour vous et qu'il vous en faut plus pour être totalement comblée. S'il se croyait tout pour vous, il n'aurait pas de raison de grandir ni de regarder vers des ailleurs (la culture, le travail, les autres) où il se dirigerait avec l'espoir inconscient de vous y retrouver.

□ **Comment réagir ?**

Le respect des jours, des horaires, leur régularité aideront l'enfant à mieux accepter les changements de lieu et à s'y préparer mentalement. Un calendrier dans sa chambre, avec les jours désignés d'une couleur pour chaque parent, sera bienvenu. Lui laisser une grande souplesse pour emporter ses jouets d'une maison à l'autre, même si vous savez qu'ils risquent de rester chez son père pour un moment. Apporter des jouets que vous lui avez offerts, c'est pour lui une façon de prendre un peu de vous avec lui. Ne vous effondrez pas si votre enfant vous serre dans ses bras en pleurant et refuse de vous lâcher, retenez votre colère si le père est en retard, il sera bien temps, une fois votre enfant parti, pour dire vos émotions à votre meilleure amie au téléphone. Dites-lui que vous comprenez son chagrin, mais que vous allez penser à lui en son absence, que vous n'allez pas l'oublier et qu'il doit accepter la réalité comme vous le faites vous-même. Rappelez-lui qu'il est aussi l'enfant de son père.

Ils veulent que je me remarie avec leur père

Les enfants espèrent souvent que leurs parents séparés se « remettent » ensemble. La présence ou non de conflits se poursuivant au-delà de la séparation ne change rien à l'affaire, car, pour eux, se remettre ensemble signifie s'entendre à nouveau. Surtout, quand on les interroge, une majorité, après cinq ans de séparation, ne reconnaît voir aucun bénéfice à la séparation. Il est de bon ton de conseiller aux parents de dire et de répéter aux enfants qu'ils doivent renoncer à cet espoir, que c'est irrévocable, afin de les aider à accepter cette réalité. Dans le même courant d'idée, on déconseille aux parents de se revoir, de se recevoir l'un chez l'autre, d'être tendres l'un envers l'autre, au risque de rendre la situation confuse pour les enfants.

Ma position diffère nettement du discours commun sur ce sujet. J'ai reçu beaucoup d'enfants auxquels ce discours a été tenu, cela ne les empêchait pas d'espérer, mais ils avaient presque honte d'oser, dans le secret de la consultation, exprimer cet espoir. De quel droit, après avoir imposé une séparation parentale aux enfants (car à l'origine on leur a transmis que père et mère vivaient ensemble), va-t-on de surcroît leur retirer tout espoir ? Et comment peut-on leur faire croire qu'on est capable de lire l'avenir ? À l'origine, on leur a fait croire que père et mère étaient une entité commune vivant ensemble pour toujours. Le résultat est là. L'enfant est en droit de douter de toute affirmation sur l'amour. J'ai suivi des enfants dont les parents se sont séparés pour se réunir à nouveau des années plus tard. On ne peut pas dire à l'enfant que personne n'est responsable de la séparation, que c'est l'amour qui s'est envolé, et prétendre avoir la maîtrise sur cet amour, afficher la certitude qu'il ne reviendra jamais plus. L'enfant a besoin de cet espoir pour continuer de se construire avec les deux images de ses parents réunies en lui, puisque c'est sur ces bases qu'il s'est construit. Ce serait différent si, dès sa naissance, le contrat était clair et que ses parents vivaient séparément. Au même titre que l'enfant a dû se faire à la réalité de la séparation de ses parents, les parents doivent se faire à la réalité de son désir de les voir à nouveau réunis.

Cependant, il est fondamental de ne pas le laisser croire que son attitude peut influencer votre décision putative. Au même titre qu'il doit savoir qu'il n'est pas responsable de votre séparation, il doit savoir qu'il ne peut pas vous réunir à nouveau. Votre enfant doit renoncer à gérer votre vie amoureuse pour pouvoir, plus tard, vivre la sienne harmonieusement. Il ne saura être ni entremetteur, ni Cupidon. S'il se montre insistant pour savoir si vous allez vous remarier, dites simplement : « Actuellement, je n'en ai nulle envie. J'ai aimé celui qui est devenu ton père et je ne le regrette pas puisque tu es là, mais l'amour conjugal est parti entre nous.

Nous nous entendons mieux dorénavant en ne vivant plus ensemble. » On peut ajouter, si les liens vous unissant à votre ex paraissent troubles : « Je conserve de l'amitié et un peu de tendresse pour lui, car l'amour a laissé des traces. Un grand amour ne s'arrête pas, il se métamorphose, mais ce n'est pas ce qui me donne envie de revivre avec lui. Rêve autant que tu le veux, mais laisse-moi vivre ma vie amoureuse. Tu sais bien que j'aime mon nouveau compagnon et que je suis heureuse avec lui, pour longtemps, je le souhaite. J'espère que tu veux mon bonheur comme je veux le tien. Alors, ne viens pas semer des embûches dans ma relation de couple. »

Dans tous les cas, précisez : « De toute façon, ce ne sera jamais toi qui pourras influencer mes sentiments pour mon ex-mari, ni les siens pour moi. Comme je ne pourrai influencer, ni ne chercherai à le faire, les sentiments que tu auras pour ton amoureux (se) ».

Accepter la permanence du désir de l'enfant n'empêche pas de l'aider à se dépêtrer de sa nostalgie. Il importe qu'il ait de nouvelles sources de satisfactions et qu'on le lui fasse remarquer. Ce sera plus efficace si c'est un autre que son parent qui l'aide à faire ce constat que, depuis la séparation, de bonnes choses lui sont arrivées, car ces propos, venant de ses géniteurs, seraient entendus comme une autojustification.

Il veut dormir avec moi

Quand vous dormiez avec son père, il avait bien tenté de faire incursion à plusieurs reprises dans le lit conjugal, mais il y avait renoncé après que vous vous êtes montrés très fermes. Toutefois, depuis la séparation, les choses ont changé et c'est avec beaucoup d'insistance qu'il demande à vous rejoindre, arguant que des cauchemars l'empêchent de dormir seul. Vous tentez bien d'être ferme à nouveau, mais, cette fois, rien n'y fait. Quoi que vous fassiez, vous le retrouvez le matin dormant à vos côtés. Soit que de guerre lasse vous ayez cédé, soit qu'il se soit glissé subrepticement dans votre lit, profitant de la profondeur de votre sommeil. Il est possible aussi que vous n'y voyiez pas d'inconvénient. Dormant seule, la chaleur de votre enfant est un réconfort dont il vous est difficile de vous passer, d'autant que cette envie est réciproque. Et cet enfant a vécu des choses suffisamment dures pour que vous lâchiez un peu de lest et que vous le consoliez de vous voir si peu dans la journée en partageant les nuits avec lui. Pourtant, l'intérêt de votre enfant est qu'il puisse retrouver une autonomie de sommeil. Il faut qu'il apprenne à se rendre par ses propres moyens dans le royaume d'Hypnos[1]. Un enfant toujours porté n'assimilera jamais la marche. De même, c'est en apprenant à dormir seul que l'enfant découvrira ses propres mécanismes de défense psychologique contre l'inquiétude que génère le sommeil. Pour cela, le temps du coucher reste un temps essentiel, temps de calme, d'histoire et de réassurance. C'est aussi le temps des petits rituels d'endormissement qu'il faut bien sûr respecter : veilleuse, doudou, verre d'eau, rangement avant de dormir... Vous pouvez, si vous n'arrivez pas à vous montrer déterminée, le laisser s'endormir dans votre lit à condition de toujours le ramener dans son lit quand vous vous couchez.

□ Quand s'endormir réactive les angoisses

Si l'enfant a peur de s'endormir le soir, c'est qu'il craint de ne pas retrouver le matin ce qui lui était cher et, en particulier, ses parents. Hypnos est le frère de Thanatos (la

---

1. Dieu du sommeil dans l'Antiquité grecque, demeurant dans une caverne éternellement sombre et brumeuse traversée par le fleuve de l'oubli.

mort) et c'est en effet à la peur de voir disparaître les êtres aimés que l'enfant tente de résister en refusant de s'endormir seul. La situation de séparation parentale réactive ces angoisses. Si un parent est parti du domicile familial du fait de la rupture, s'il « nous a quittés », comme disent malheureusement certains parents, l'enfant, face à cette instabilité révélée, peut craindre qu'à son réveil l'autre parent l'ait également quitté. En se levant pour le rejoindre, l'enfant vient vérifier sa présence. De plus, le sommeil est une période de régression. Il faut lâcher prise, baisser les armes pour s'endormir, redevenir petit, c'est-à-dire redevenir très vulnérable. Pour l'enfant, ses parents sont les gardiens de son sommeil. En l'absence d'un parent, la surveillance est moins bien assurée et sa tranquillité d'esprit moins grande. En outre, si le parent « gardien » est fragilisé moralement, l'enfant le sent. Sa puissance de protection en est diminuée pour l'enfant qui peut vouloir faire corps avec lui la nuit, dans une sorte de soutien mutuel.

Les situations de séparation réactivent les cauchemars de l'enfant. Ceux-ci expriment des angoisses d'abandon, des sentiments de culpabilité qui l'empêchent de dormir du sommeil du juste ou, encore, des conflits psychiques internes (le « moi-maman » composant son identité s'opposant à son « moi-papa »). C'est souvent à l'occasion du réveil provoqué par un de ces cauchemars que l'enfant quitte son lit en milieu de nuit. Il faut alors (si on parvient à sortir des brumes du sommeil) le ramener dans son lit, en lui demandant de raconter son cauchemar. Vous pouvez le rassurer en lui disant qu'il vous retrouvera le lendemain matin. S'il dépasse les bornes en revenant à plusieurs reprises, en tambourinant à votre porte que vous avez dû fermer, vous pouvez être strict(e) et lui dire : « C'est inutile d'insister, chacun de nous doit dormir dans son lit. Ton père (ou ta mère) dort aussi dans sa maison et ne serait pas content(e) d'apprendre que tu refuses de dormir seul. Tu pourras crier autant que tu veux, ça ne changera rien. Il ne peut rien t'arriver même si je dors, je ne suis pas loin. » Votre fermeté aura une fonction de réassurance. Elle affirmera que vous êtes solide et, donc, qu'en tant que tel, vous êtes un bon gardien pour son sommeil. Si vous vous laissez dominer par lui, cela signifiera que vous ne pourrez pas le protéger face aux « monstres » de ses cauchemars.

☐ Et si la place était enfin libre ?

L'autre raison qui pousse votre enfant, qu'il soit fille ou garçon, à vous rejoindre dans votre lit, c'est le désir d'occuper la place de votre partenaire auprès de vous. La séparation parentale lui a fait croire que la place était libre. Même si la désunion s'est produite à un âge où, normalement, l'enfant a intégré cette impossibilité et renoncé à ses désirs dits œdipiens (au-delà de 7 ans), il peut se produire une faille dans son organisation affective, provoquée par le tremblement de terre du divorce, entraînant un retour de ces désirs refoulés. Si vous acceptez de le laisser faire, cela provoque chez lui une confusion des sentiments, mais aussi une confusion identitaire qui, si elle s'installe, portera préjudice à son développement affectif, mais aussi parfois intellectuel, tant le cognitif et l'émotionnel sont liés. Il convient alors d'expliquer à son enfant : « On ne dort pas avec ses parents. Ton père et moi ne dormions pas avec les nôtres. Avant que je me sépare, c'est avec mon mari que je dormais, tu ne peux pas prendre cette place. Une mère dort avec son amoureux ou avec un ami, mais pas avec son fils ni sa fille, sinon ce ne serait plus son fils ni sa fille. Plus tard, tu pourras dormir avec la personne que tu aimeras. En attendant, fais de beaux rêves. »

Il menace de fuguer

La menace de partir de la maison n'est pas rare quand, justement, les enfants ont vu un parent la quitter ou avoir menacé si souvent de le faire. Et cela, dès le plus jeune âge. J'ai reçu une enfant de 5 ans qui, dans le cadre d'une séparation parentale, était partie de chez sa mère en région parisienne dans l'intention d'aller rejoindre son père qui habitait Béziers !

□ De bonnes raisons de vouloir fuguer !

L'enfant fugueur va tenter de résister à l'état de fait de la séparation de ses parents en voulant se donner la liberté de choix et de circulation entre ses deux parents. Il s'agit d'enfants particulièrement décidés, volontaires et entreprenants. C'est alors aux deux parents de réagir de concert et, tout en reconnaissant son chagrin, de lui rappeler que ce sont ses parents qui sont responsables de lui jusqu'à ses 18 ans et qu'il n'est pas en âge de décider ce qui est bon ou non pour lui. La « complicité » d'un parent qui se plaint auprès de son enfant d'une décision arbitraire du juge ou de l'autre parent risque bien sûr d'entretenir cette volonté de fugue. Mais, parfois, l'enfant fugue, non pas pour retrouver un parent, mais simplement pour fuir un mal-être né de la situation de divorce. Certains en veulent amplement à leurs parents d'avoir brisé leurs illusions et leur confort, et leur fugue exprime une colère ou des représailles. À l'image de la fugue musicale, composition reposant sur le contrepoint, l'enfant en fuguant prend ses parents à contre-pied. Il faut alors, pour prévenir ce passage à l'acte, donner à l'enfant l'occasion de pouvoir exprimer verbalement son ressentiment et se montrer à l'écoute de sa souffrance. La

214

fugue peut traduire un véritable désarroi de l'enfant. Dans des divorces particulièrement conflictuels, où il ne reconnaît plus ses parents pris dans leur furie émotionnelle, l'enfant perd ses repères. Il se sent perdu et, s'il part, c'est dans l'espoir inconscient de retrouver ses parents dans un ailleurs. Ce serait comme un voyage dans le temps menant vers le passé du paradis perdu.

Boris, 7 ans, est né d'une mère russe, professeur de français, et d'un père français diplomate à Moscou. Il a grandi en Russie avant de suivre, alors âgé de 4 ans, ses parents à Paris. Les relations conjugales se sont peu à peu altérées avant de conduire à la séparation trois ans plus tard. Les parents sont restés tous deux à Paris et Boris a bénéficié d'une garde alternée. Mais les antagonismes perduraient, et c'est dans ce cadre-là que Boris fugua de chez lui. On le retrouva gare du Nord. Il voulait, dit-il alors, retourner dans sa maison à Moscou. La maison des jours heureux, celle où il voulait retrouver l'union amoureuse de ses parents.

Le jeune enfant part aussi à la recherche de ses parents idéaux. Vers 4-6 ans, il n'est pas rare que l'enfant s'invente une nouvelle famille, d'autres parents parés de mille et une qualités. C'est ce que Freud nommait le roman familial. Cela permet à l'enfant de supporter sa condition, de se construire un idéal plus grand encore que celui proposé par ses parents ; c'est aussi une façon de détrôner ses parents réels pour mieux en profiter, avec l'idée inconsciente, par exemple, que si ma mère n'est pas ma vraie mère, je pourrai me marier avec elle. Ces parents imaginaires, que l'enfant a laissés dans son inconscient en grandissant, reprennent une importance particulière dans les situations de séparation douloureuse. Ils peuvent aider l'enfant à supporter une situation vécue comme pénible. Ils lui servent d'ange gardien et, comme des amarres, sont le support de son identité. Mais, perturbé affectivement, il arrive que l'enfant ne fasse plus très bien la part des choses entre le réel de sa situation et son imaginaire ; et en fuguant pour retrouver des parents idéaux, il concrétise une fuite dans son imaginaire.

L'enfant qui fugue le fait aussi dans l'espoir d'être retrouvé. Il a le sentiment que ses parents, pris dans leurs problèmes personnels, l'oublient. Il se sent négligé, abandonné. Il finit par douter de l'affection de ses parents qui, bien que lui répétant qu'ils l'aiment, expriment tout le contraire dans leur attitude, pense-t-il. Fuguant, et ce quel que soit son âge, il mettra ainsi à l'épreuve l'attachement que lui portent ses parents.

La fugue peut s'inscrire également ici dans le cadre d'une dépression. C'est à interpréter comme un équivalent suicidaire. Il s'agit pour l'enfant de « disparaître » en fuguant, d'« échapper » à sa condition ; il veut n'être plus qu'un souvenir d'autant plus fugace qu'il a le sentiment de ne pas compter pour grand-chose.

□ Comment réagir ?

Dans tous les cas, même s'il ne s'agit que de menaces, il ne faut pas banaliser de tels propos et encore moins un comportement de fugue. Si, à l'occasion d'une dispute, l'enfant tient des propos évocateurs tels que : « Un jour je partirai d'ici », prenez le temps de discuter avec lui, dans l'instant ou un peu plus tard, une fois le calme revenu. Demandez-lui ce qui le rend triste et dites-lui que, si c'est difficile en ce moment, vous allez tout faire pour rendre la situation la moins éprouvante possible. Rassurez-le sur l'amour que ses deux parents lui portent. Présentez vos excuses si vous n'êtes pas toujours aussi disponible que vous le souhaiteriez, mais ajoutez que cette situation ne durera pas. Énoncez-lui ensuite que vous ne le laisserez pas partir, qu'on ne change pas de parents, mais que, si la situation est trop pénible pour lui, peut-être préférerait-il séjourner quelque temps chez ses grands-parents ou chez ses oncles ?

S'il a fugué, dites-lui combien vous avez eu peur, mais aussi combien il s'est mis en danger. Dites-lui qu'il n'a pas le droit de faire cela et que vous ne le laisserez jamais faire. S'il répète ce comportement, n'hésitez pas à consulter un pédopsychiatre ou un psychologue pour enfants qui repérera les sources de son comportement et de sa souffrance pour mieux l'aider. S'il semble ne plus accorder de crédit à la parole de ses parents, vous pouvez tenter d'obtenir un rendez-vous avec le juge aux affaires familiales ou un juge pour enfants auquel il pourra exprimer ses doléances et qui, en retour, lui expliquera ses droits, mais aussi ses obligations. Ce peut être également l'occasion de reparler du passé, des « jours heureux », en regardant des photos. Racontez-lui comment vous avez rencontré son père ou sa mère et des anecdotes plaisantes autour de cette rencontre comme autour de sa naissance. Organisez un voyage dans le temps, pourquoi pas en retournant ensemble sur les lieux de votre vie de couple passée avec lui.

Il se met à voler

Swann a 9 ans. Sa mère l'a surpris, la main dans son porte-monnaie, dérobant de l'argent. Elle a compris alors pourquoi, depuis plusieurs mois déjà, son escarcelle se dégarnissait. Swann dut bien reconnaître, la mort dans l'âme, qu'il n'en était pas à son coup d'essai. Quand elle le mena à ma consultation, je fis rapidement le lien entre ce comportement nouveau chez cet enfant et le divorce houleux qui le privait du cadre affectif qui avait été le sien.

Ce n'est qu'à partir de 7 ans que l'on peut sans équivoque parler de vol avec la conscience de son acte. Il n'est pas rare que des situations de séparation parentale occasionnent ce type de conduites délictueuses, quel que soit l'âge de l'enfant et quels que soient ses antécédents. Le vol peut être domestique. Il s'agit alors de vols d'argent aux parents ou bien de jouets, de vêtements appartenant à la fratrie qui sont ensuite donnés, détruits ou vendus à l'extérieur. Mais il peut s'agir aussi de vols à l'école, au club de sport ou dans les grands magasins. On verra que ces deux types de vol peuvent s'interpréter différemment. L'argent volé est soit conservé, soit dilapidé en confiseries ou en objets divers, éventuellement, il est offert. Le père de Gary découvrit dans la chambre de son fils un petit trésor de pièces et de billets cachés dans l'armoire. Gary lui avoua que, depuis la séparation de ses parents, il prenait de l'argent à sa mère, qu'il mettait de côté pour son père en cas de besoin. En effet, il avait entendu à plusieurs reprises son père se plaindre que sa mère lui prenait son argent avec la pension alimentaire. Gary, entendant cela au pied de la lettre, voulait mettre bon ordre à cette « injustice ».

Mathieu, 9 ans, volait également sa mère. Quand il fut découvert et que je fus conduit à le suivre, il me déclara que sa mère ne s'achetait « que des choses pour elle » et il considérait qu'elle gardait tout l'argent de la famille pour son plaisir personnel. Il se sentait lésé. Tout se passait comme s'il jugeait sa mère comme une femme légère, frivole, et non plus comme une mère que l'on respecte. La séparation, en ouvrant des brèches dans sa construction psychique œdipienne, entraînait chez lui une modification de l'image de sa mère. N'étant plus la femme de son père, l'enfant ne la voyait plus qu'avec des yeux œdipiens, des yeux teintés de mépris, puisque c'est ainsi qu'il percevait la féminité (pour des raisons éducatives et d'autres qui lui sont propres). Le respect pour la mère, qui existe même chez le futur macho, s'était dissous ici avec la séparation. C'est le

218

plus souvent la mère qui est la victime du vol. Tout se passe comme si l'enfant cherchait à récupérer un peu de sa mère qui lui ferait défaut du fait de la nouvelle organisation familiale. Mais cela exprime aussi, comme dans la situation de Mathieu, que l'enfant croit, de façon œdipienne, avoir des droits sur elle.

Même si l'enfant peut argumenter son acte, le vol est souvent associé à une culpabilité. Il peut chercher à être puni, de façon inconsciente, en adoptant des attitudes répréhensibles à la maison ou une inconduite en classe.

□ En quête d'attention

Le vol, dans le cadre d'une séparation parentale, désigne souvent une revendication d'affection ou du moins d'attention. L'enfant est en quête, ce faisant, de ce qu'il croit avoir perdu, à savoir l'affection conjointe de ses deux parents qu'il ne retrouve pas dans les deux affections prises isolément, comme s'il ne parvenait pas à les additionner du fait des oppositions entre eux. C'est alors davantage une soustraction qui s'opère en son cœur. Il vole des objets ou de l'argent pour remplacer par ce « matériel » facile à recueillir l'affectif dont il a été dépossédé. D'autant plus que les liens d'amour entre ses parents ont été remplacés à ses yeux par des conflits d'ordre matériel et, notamment, des querelles d'argent.

□ Un besoin d'ordre et de règles

Il en est de même pour les règles communes qu'il avait intégrées, dont l'interdit du vol. L'éclatement familial a mis à mal pour lui la cohérence de ces règles. Chez sa mère, on peut laisser traîner ses affaires, mais pas chez son père. Chez lui, en revanche, on a le droit de se coucher plus tard. Les règles deviennent différentes chez l'un et chez l'autre. Tout ce qui était commun est décomposé. L'enfant perd ses repères dans les règles à suivre. C'est pourquoi, s'il a volé, la condamnation de l'acte doit pouvoir se faire de concert par les deux parents si on veut gagner en efficacité. L'enfant comprendra que les règles communes n'ont pas été modifiées par la séparation. Le cadre protecteur de la loi reste valide. Cette désorganisation de ses valeurs morales peut se lire également comme une forme de régression morale, l'enfant revient à un âge, celui de la petite enfance, où ces règles n'étaient pas intégrées. Il faut donc, en commun ou alternativement, lui redire la permanence des règles et des lois.

Chez l'adolescent, cela peut témoigner d'une conduite globalement antisociale. Il se sent libéré par le divorce d'une tutelle parentale en s'engouffrant dans la faille de la rupture. Il se croit tout permis. Ou bien il dirige contre la société la colère qu'il n'ose pas diriger contre ses parents. C'est parfois, dans le cadre de vols à l'extérieur, la recherche inconsciente d'une rencontre avec la justice ou la police. L'enfant a, dans ce cas, le sentiment d'un désordre familial. C'est-à-dire quand les modalités de garde ne lui conviennent pas du tout : quand un parent transgresse les préceptes éducatifs, moraux ou réglementaires, quand il a de gros problèmes avec un beau-parent, lorsqu'un parent lèse l'autre, etc. Il y a l'espoir non conscient que les « autorités » interpellées vont mettre bon ordre à cela.

□ Un appel à l'autorité

Le vol est aussi une tentative désespérée pour retrouver ses parents, leur affection, mais aussi leur autorité. C'est le cas de Jade, 13 ans, dont les parents sont depuis un an en procédure de divorce. Ils sont inscrits dans un grand conflit. Toute leur attention et leur énergie paraissent consacrées à la destruction du souvenir de leur amour. Avocats tous les deux, le droit est leur maison commune. Ils s'y déchirent avec la même intensité qu'ils se sont chéris. La haine leur fait oublier leurs fonctions parentales. Jade se sent abandonnée, livrée à elle-même. Elle commet d'abord quelques vols dans une grande surface, sans conséquences. Elle monte ensuite d'un cran et se laisse entraîner par deux copines à voler dans le domicile d'une camarade de classe à laquelle elle a dérobé la clef de son appartement. Surprise en flagrant délit, elle se retrouve devant le juge pour enfants. Ses parents aussi. C'est pour eux un rappel en fanfare de leur mission auprès de leur fille.

□ Un comportement de protection

Pour comprendre des conduites de vol, on peut aussi s'interroger sur une trop grande proximité entre l'enfant et son parent. Quand le parent, du fait de la séparation, dort dans le même lit que son enfant, qu'il ne respecte plus le barrage de la pudeur, qu'il confie sa peine et ses sentiments intimes à son enfant, faisant ainsi de lui son principal confident, il n'occupe plus sa position de parent à part entière. Il donne à l'enfant l'illusion d'occuper une place de partenaire qui peut, en conséquence, s'autoriser à revendiquer d'autres droits sur son parent. La conduite de vol est alors l'expression de cette revendication. Conduite de protection également, comme chez cette adolescente qui, vivant avec son père divorcé une semaine sur deux, décida inconsciemment, en devenant délinquante et voleuse, d'altérer des liens affectueux devenus menaçants depuis que son père était devenu célibataire. En volant, elle se dérobait à lui.

Le vol peut aussi être perçu par l'enfant de parents divorcés comme un vol de nécessité. L'enfant peut vouloir aider sa mère qui est aux prises avec des difficultés économiques du fait de sa séparation.

Enfin, à tout âge, le vol peut être tout simplement comme une décharge motrice agie face à une tension insupportable vécue à la maison. C'est alors un acte de soulagement qui en prévient d'autres, potentiellement plus préjudiciables pour la santé de l'enfant, tel qu'un accident.

□ Comment réagir ?

Si le vol traduit une désorganisation des valeurs morales de l'enfant ou bien une forme de régression à un stade où le vol n'avait pas le même sens, il faut lui rappeler la permanence des lois malgré la séparation parentale. Pour cela, il faut bien sûr que chaque parent ou, à défaut, les grands-parents de chaque côté lui tiennent un langage commun sur le sujet. L'intériorisation de la loi sociale passe par l'intériorisation des règles parentales. Du fait de carences ou de distorsions éducatives en lien avec l'éclatement de la famille, cette intériorisation peut être perturbée

La conduite à tenir quand on découvre le vol est de refuser la complaisance tout en se gardant de réactions violentes. Le rappel de la loi, mais aussi l'expression de sa déception, est nécessaire. L'autre parent en sera informé, que l'enfant vous demande de garder cela secret ou non. Bien sûr, on rapportera l'objet volé à son propriétaire et l'enfant, ou à défaut le parent (au nom de l'enfant), présentera ses excuses. Le parent ne fera pas de commentaires négatifs sur l'enfant devant le propriétaire. Si le jeune enfant se sent très coupable, on lui précisera que l'on condamne l'acte et que, malgré tout, on continue de l'aimer, car on sait qu'à côté de cela, il a d'autres qualités ; mais on l'assure qu'on veillera à ce qu'il ne recommence pas. Enfin, après avoir discuté avec lui, on essaiera de comprendre la source de son comportement.

□ Deux écueils à éviter

La conduite à tenir est d'éviter les deux écueils extrêmes que sont la complaisance et une rigueur excessive. Il faut condamner le comportement sans résumer l'enfant à son acte. Il faut réprouver le vol, dire à l'enfant que, s'il était un adulte, il serait peut-être allé en prison, sans le traiter de voleur. Il faut lui dire ou lui rappeler le droit. Mais on ne l'enfermera pas dans une définition, celle de voleur, qu'il pourrait faire sienne et se trouver là une identité, à un moment de sa vie où, désorienté, il pourrait en chercher une à peu de frais. Une réaction trop violente risquerait d'enferrer le jeune coupable dans la répétition de son acte par un processus masochiste. À l'inverse, la complaisance serait entendue par l'enfant comme une invitation à répéter ce type d'acte et à croire que sa victime apprécie cette attitude déviante.

La complaisance ou le mauvais exemple des parents, qu'ils soient réels ou imaginés par l'enfant, sont de nature à l'inscrire dans des conduites antisociales. Il arrive que la séparation parentale modifie les schémas d'identification aux parents. Hugo, 16 ans, vole régulièrement et fait commerce des objets volés dans l'enceinte même de son lycée. C'est par ailleurs un garçon intelligent, cultivé, assez bon élève et sportif. Surpris par le personnel de l'établissement scolaire, une plainte a été déposée, à laquelle se sont ajoutées quelques plaintes de parents qui se questionnaient sur l'origine d'objets recelés par leurs enfants. Les policiers ont trouvé également, dans la cave de l'appartement familial, beaucoup d'objets dévalisés allant de vêtements à du matériel informatique. Condamné à une peine de travaux d'intérêt général, il m'est amené par son père pour avis. Les parents d'Hugo sont divorcés et c'est le père qui a la garde de son fils. Hugo a été élevé avec les principes sociaux de règle. Sa mère, en particulier, a toujours été très soucieuse de lui transmettre de solides valeurs morales. Hugo admire son père. Très proche de sa mère quand il était enfant, il déclare actuellement qu'il aimerait réussir aussi bien que son père. Celui-ci, en effet, a créé plusieurs entreprises. Le fils me confie aussi avec fierté qu'il pense que son père fait un certain nombre de « magouilles ». Il ne se trompait pas, puisque j'appris plus tard qu'il était sous le coup d'une enquête de la brigade financière pour des malversations avérées. Le père trouve un bon avocat en son fils qui me cite le proverbe suivant : « Les petits voleurs sont pendus, les grands sont salués. »

J'ai suivi un autre adolescent qui m'a été amené du fait de conduites de vol répétées. Son comportement s'expliquait par le fait qu'il ne reconnaissait plus ses parents depuis leur rupture. Il décida à son tour de ne plus être le même et envoya aux orties tous les principes éducatifs reçus.

Faut-il parler des questions d'argent ?

La situation économique des familles est modifiée par la séparation. Elle occasionne pour les parents des charges nouvelles, avec deux logements, deux voitures, voire de nouveaux frais de garde. Ce sont les femmes qui, statistiquement, voient le plus souvent leur niveau de vie diminuer. Quand les revenus baissent et qu'il s'agit de limiter les achats, il convient d'informer l'enfant de ce qui est dorénavant possible ou non d'acheter. Il a besoin de connaître et d'apprendre la réalité des lois du « marché ». Mais on se gardera de faire porter la responsabilité sur l'autre parent ;

car cela n'aurait d'autre impact que de porter atteinte à l'enfant qui se sentirait honteux à la place du parent incriminé. On évitera donc des propos tels que : « Ta mère veut me ruiner avec la pension qu'elle réclame », ou : « Ton père nous a quittés et on n'a plus d'argent à cause de lui. » L'enfant doit savoir que la pension versée par son père (ou très rarement par sa mère) est destinée à sa prise en charge. Certains pères sont peu présents, mais versent avec régularité leur pension. L'enfant doit être instruit que cet argent le représente et qu'il permet de répondre sinon à ses désirs, du moins à ses besoins. On peut dans ce cadre parler positivement de père nourricier.

Même si le père ne remet pas la pension qui lui incombe, la mère ne cassera pas l'image paternelle. Elle dira plutôt : « Ton père rencontre peut-être des difficultés financières. » Si ce n'est pas le cas et qu'il vous semble nécessaire de prévenir l'enfant que son père, malgré ses moyens, ne lui alloue plus rien, vous pouvez dire qu'il y a des hommes « qui ont du mal à faire leur métier de père ». Vous pouvez préciser que cela ne veut pas dire qu'il ne l'aime pas. L'enfant a toujours besoin de se savoir ou de se croire aimé pour grandir harmonieusement.

On peut expliquer à l'enfant que le train de vie a changé. Pourquoi ne pas en profiter pour lui enseigner le coût des choses ? S'il sait compter et que le sujet l'intéresse, pourquoi ne pas lui révéler combien vous gagnez par mois et le prix du loyer, par exemple ? Il ne faut pas pour autant évoquer les questions d'argent à l'excès. On peut dire qu'il y a des choses indispensables, qui répondent aux besoins, et que le reste est pour le plaisir. Dès le plus jeune âge, on dira qu'on gagne de l'argent par son travail et qu'on ne trouve à la banque que l'argent qu'on y dépose. L'enfant peut comprendre ainsi que les limitations que vous mettez à ses demandes ne sont pas liées à vos états d'âme, mais à des principes de réalité. Puisque vous faites des choix pour cause d'argent, vous pouvez aussi lui proposer d'en faire certains par lui-même et de se décider entre tel ou tel jouet par exemple.

S'il déclare qu'avec son père il a plus de cadeaux, répondez-lui que vous êtes très contente pour lui, mais que, justement, comme il en a beaucoup avec son papa, il est inutile que vous en achetiez d'autres. Et que vous allez donc consacrer votre argent à son habillement, sa nourriture et ses affaires scolaires. Dites-lui que chacun de ses parents a son propre argent, mais que son bien-être à lui reste leur compte commun. Et inutile de culpabiliser si vous ne pouvez plus lui offrir ce à quoi il avait droit avant votre divorce. Vous savez bien qu'un enfant a surtout besoin d'affection et d'attention. Le reste est superflu. S'il loue son père en raison de ses cadeaux, c'est qu'il veut se persuader que son père est valable, surtout s'il ne peut pas lui consacrer autant de temps que vous. Il est bon que vous valorisiez les cadeaux de son père, mais n'hésitez pas à lui dire que le cadeau que vous lui offrez chaque jour, même quand il n'est pas avec vous, c'est votre amour ; et ce cadeau n'a pas de prix.

Il critique votre nouvelle femme

Avez-vous pris assez de temps avant de vous installer avec elle ? Le mieux est que vous en parliez avant que vos enfants ne la voient, afin qu'ils s'y préparent, vous questionnent et vous fassent part de leurs inquiétudes éventuelles, et que leur curiosité pour la rencontrer en soit attisée. Puis elle viendra de temps en temps prendre un repas, puis passer une journée à la maison le week-end. Enfin arrivera le temps de la première nuit, alors que les enfants dormiront aussi à la maison, mais cela n'aura rien de traumatisant, car ils connaîtront mieux celle qui deviendra petit à petit leur belle-maman. Il faut laisser vos enfants s'habituer à elle et vice versa. Dites bien à vos enfants, s'ils font la moue à son sujet, que cette femme vous rend heureux et qu'ils peuvent lui en être reconnaissants, comme vous êtes heureux quand ils le sont grâce à leurs amis ou pour d'autres raisons. Un père heureux est un meilleur père. Dites-leur que l'amour que vous avez pour elle n'est pas de l'amour en moins pour eux. C'est comme une fleur qui pousse dans un autre pot, elle ne se nourrit pas de la même terre. Dites-leur qu'elle est votre nouvelle femme, mais qu'elle n'est pas leur nouvelle mère. Qu'ils n'ont qu'une mère, mais qu'ils peuvent l'aimer comme une belle-mère, c'est-à-dire ni comme une mère ni comme une amoureuse, et que, pour le reste, c'est à eux d'inventer leur façon de l'aimer. Quand ils l'aimeront, ils sauront ce qu'est la façon d'aimer une belle-mère. Ajoutez ceci : « Elle ne vous commandera pas, sauf si je le lui demande, mais elle pourra vous donner des conseils que je vous invite à suivre car elle a de bonnes idées. Elle n'est pas non plus tenue de s'occuper de vous, mais j'espère que vous lui donnerez envie de le faire, car cela vous sera utile et me rendra service. Bien l'aimer, ce n'est pas manquer de respect vis-à-vis de votre mère. Même si votre mère la critique, car elle aurait voulu que je reste son mari, vous êtes en droit de l'aimer. Mais, encore une fois, vous n'y êtes pas obligés. Elle non plus d'ailleurs. Cependant, vous lui devez le respect, c'est-à-dire que vous devez être polis avec elle, ne pas lui dire de gros mots et ne pas faire la sourde oreille quand elle s'adresse à vous. Elle doit également vous respecter de la même manière. »

□ Comment réagir ?

Il est important que vous gardiez du temps avec vos enfants isolément de votre nouvelle compagne. Si vous avez plusieurs enfants, réussir à réserver un tête-à-tête avec chacun d'eux serait de très bon aloi. Exigez de votre nouvelle femme qu'elle ne critique jamais leur mère et demandez-lui de ne pas intervenir dans les débats concernant les décisions d'avenir (choix d'école par exemple). Si vos enfants poursuivent leurs critiques, soyez fermes et disputez-les : « Je ne vous autorise pas à manquer de respect envers ma femme. Quand vous serez adultes, je respecterai votre partenaire. Si vous voulez la critiquer, ne le faites pas en sa présence. Je sais que ce serait facile pour vous de la rendre responsable du divorce de vos parents. Mais ce n'est pas le cas. Si l'amour s'est installé entre elle et moi, c'est parce qu'il y avait un espace vide entre mon ex-épouse et moi. L'amour, malheureusement, s'était envolé. Je ne sais pas vraiment pourquoi j'ai aimé si fort celle qui est devenue votre mère et j'ignore tout autant pourquoi je ne l'aime plus de la même façon. Ce n'est pas parce que je me séparerais de ma nouvelle femme que je me remarierais avec votre mère. Je sais que cette séparation vous chagrine encore. Votre chagrin me chagrine. Essayons d'être heureux maintenant. Cette femme me rend heureux. Votre mère et moi voulons continuer à vous rendre heureux, chacun de notre côté, mais toujours à vos côtés. » Si l'état des relations avec elle le permet, faites intervenir votre ex-femme, afin qu'elle exige d'eux ce respect. Si les enfants dépassent les bornes et se montrent particulièrement insultants avec elle malgré une attitude conciliante de sa part, dites-leur que vous ne les laisserez pas maîtres de votre vie amoureuse. À l'extrême, vous pouvez être menaçant : « Si vous n'acceptez pas ma nouvelle femme, je ne pourrai pas partir en vacances avec vous, vous irez donc en colonie de vacances. » Pour les premières vacances, il est sans doute adapté de les passer avec des amis. La présence d'autres adultes et enfants permet d'éviter les relations duelles et dilue les passions et les tensions avec elle dans l'ambiance du groupe. Mais, en cas de difficultés, il est toujours bon de faire des piqûres de rappel d'explications aux enfants surtout qu'à chaque âge, ils se posent de nouvelles questions.

□ Des paroles qui apaisent

Voici d'autres paroles possibles si votre enfant se plaint de sa belle-mère : « Peut-être que tu es déçu. Tu attendais plus d'elle. Tu aimerais qu'elle s'intéresse davantage à toi. Si tu veux, je lui transmettrai ta demande, mais, en attendant, montre-toi aimable avec elle. Peut-être imagines-tu qu'elle me prend à toi. En ce cas, je vais tout faire pour passer plus de temps avec toi, mais sache que le temps que je passe avec elle, je ne l'aurais sans doute pas passé avec toi. Je l'aurais peut-être passé avec mes amis, mais surtout je l'aurais passé à chercher une autre amoureuse. Et sache aussi, que je sois avec mes amis ou avec mon amoureuse, que tu restes toujours présent, sinon dans ma tête, en tout cas dans mon cœur. Je sais bien qu'elle n'a pas que des qualités, c'est vrai ! Elle a des défauts, bien sûr, comme tout le monde. Elle a même des défauts que je n'accepte pas chez vous. Mais vous êtes mes enfants, vous avez la chance de pouvoir encore changer, vous améliorer et je veux, comme tous les bons parents, que vous soyez parfaits, même si je sais, comme tous les bons parents, que c'est impossible. Vous apprenez ainsi qu'on peut aimer quelqu'un malgré ses défauts, heureusement, sinon personne n'aurait d'amoureux. Toi, ma fille, ne te crois pas tenue de lui ressembler pour me plaire et ne t'alarme pas si tu n'as pas du tout le même caractère qu'elle. On n'aime pas sa femme et sa fille de la même façon ni pour les mêmes raisons. Même si les défauts de ma femme ne me dérangent pas, tu n'es pas obligée de les prendre pour toi, imite plutôt ses qualités. »

S'il compare sans cesse votre femme et leur mère, dites-lui :
« Tu trouves ta mère plus belle, plus intéressante, et tu as
bien raison. Je ne regrette pas de l'avoir rencontrée et c'est
pour ses qualités que j'ai fait un enfant avec elle. Mais ta
mère n'est pas la mienne, alors je ne la vois pas avec les
mêmes yeux que toi. Tu la vois comme un fils, moi comme
un ancien mari. Un homme change et ses goûts peuvent
changer ; de plus, on peut avoir des goûts différents, aimer
le chocolat, mais aussi la vanille. N'as-tu pas d'amis qui
soient différents ? Tu les aimes alors ni plus ni moins, mais
différemment. On n'a qu'une mère, c'est pour cela que
l'amour qu'on a pour elle n'a qu'une seule forme. Aimer un
homme ou une femme d'amour, c'est autre chose. »

Il fait le bébé

La séparation des parents déclenche une rupture dans la
temporalité de l'enfant. Il y a dorénavant pour lui, dans sa
chronologie psychique, un « avant » et un « après-divorce ».
« Avant, me dit Sébastien, j'avais plein de copains, maintenant je n'en ai plus. » On songe à la conception de saint
Augustin qui, dans ses *Confessions*, donne sa définition du
temps. Il évoque un temps que l'on peut décomposer en un
présent des choses passées (mémoire), des choses présentes
(perception active) et des choses futures (attente). Le présent des choses passées, tel qu'il apparaît dans sa mémoire,
va être surinvesti par l'enfant après la séparation. Il devient
un paradis perdu. L'enfant va l'idéaliser et parfois fuir dans
ce passé en adoptant des attitudes régressives, redevenant
« bébé ». Lors des situations les plus graves, le temps des
choses présentes n'est plus que stagnation. C'est un temps
qui s'immobilise, se rigidifie et qui est envahi par la pensée
du traumatisme du divorce avec une tentative obsédante de

le dénier. Le présent des choses futures, ce qui définit les attentes, les idéaux de l'enfant, est alors endigué, sans avenir. Il y a, dans les formes extrêmes, un empêchement à l'action qui se traduit chez l'enfant par un empêchement à grandir, à gagner en maturité.

Willy, 5 ans, déclare à ses parents qui lui annoncent leur désir de ne plus vivre sous le même toit : « Mais si vous n'êtes plus ensemble, comment je pourrais n'être ? » Il a eu, comme c'est le cas chez d'autres enfants choqués, une effraction dans l'idée de la conscience de soi ; et il s'est révélé pour lui une angoisse de mort ou plutôt de néantisation. On pourrait évoquer, en utilisant les termes de Missenard[1], une déchirure psychique avec hémorragie narcissique, en lien avec cette traversée sauvage du fantasme de sa non-existence. Le traumatisme d'une séparation parentale peut projeter l'enfant dans un temps T1 d'avant sa naissance. Il perd alors l'illusion narcissique de son invulnérabilité. Il est mis face à son impuissance. Il ne se croit plus rien. À défaut de disparaître, l'enfant se fait tout petit, oubliant ses compétences acquises, et retrouve des comportements de bébé. C'est le cas chez Mourad, 6 ans, qui s'est remis à faire pipi au lit, n'arrive plus à lire, est devenu maladroit, prend les jouets de sa petite sœur de 2 ans pour jouer, et dont même les pleurs rappellent ses pleurs de bébé.

Le traumatisme de la séparation peut donc induire un retour à des modes d'expression antérieurs des comportements, des pensées et des relations affectives de l'enfant. Cette régression est un mouvement psychologique défensif, de repli. Sur le plan stratégique, c'est un retour aux positions de l'arrière-garde. Sur le plan économique, cette rétrogradation est une mise en repos du psychisme de l'enfant qui, saturé de stress, préfère fonctionner à un rythme plus léger

---

1. « Narcissisme et ruptures », in Kaes et coll., *Crise, rupture et dépassement.*, Dunod, 1978.

pour lui. C'est une mise en jachère, le temps de se ressourcer. L'enfant retrouve ainsi l'illusion d'être revenu à un temps où ses parents étaient réunis au-dessus de lui.

□ Comment réagir ?

Si la régression est transitoire, il n'y a pas lieu de s'inquiéter outre mesure. Il faut faire preuve d'une certaine tolérance. Les parents doivent l'entourer, lui apporter des soins physiques, au besoin en prenant un arrêt de travail et en le mettant en congé de l'école pour le materner comme jadis. Il a besoin d'être contenu. Il n'est pas l'heure alors de penser aux bénéfices secondaires qu'il pourrait tirer de cette attention renforcée et d'imaginer qu'il en « profite ». On restaurera l'enfant en reprenant du temps à deux avec lui. On retournera sur les lieux de sa vie, que ce soit sa crèche ou son école maternelle, on rendra visite aux membres importants de sa famille, à ses grands-parents, mais aussi à la nourrice qui s'occupait de lui quand il était nourrisson. On lui parlera du passé, on lui montrera des photos, on le rassurera sur l'avenir et sur la permanence du lien que chaque parent maintiendra avec lui. On fera aussi de son présent le cadeau qu'il doit être. Des attitudes trop fermes ou de rejet ne feraient que renforcer l'attitude régressive. Cependant, un des dangers est que cet état régressif ne devienne permanent. Sa capacité de restauration est dépendante de la qualité des interactions avant la séparation. Si la séparation a été précédée de relations affectives chaotiques, avec une désorganisation éducative, le pronostic est moins bon. En ce cas, si l'état se prolonge au-delà de trois ou quatre semaines, il faut consulter un psychiatre pour enfants.

Il devient manipulateur

L'enfant s'engouffre parfois dans la brèche éducative ouverte par la dislocation du couple parental. Il sent qu'il est l'enjeu de conflits entre ses parents et va investir ce rôle de façon fâcheuse, à cause des bénéfices secondaires qu'il en tire ou, simplement, parce qu'il ne sait plus à quel saint se vouer. Certains parents, fragilisés psychologiquement par le divorce, vont avoir des comportements éducatifs inadaptés tels que des surenchères affectives ou un dangereux laisser-faire avec leur enfant. Celui-ci va répondre par une recrudescence de ses caprices. Certains parents vont l'« acheter », surtout aux yeux de l'autre parent, avec des cadeaux en dehors de toute fête ou occasion particulière. Il arrive que toute la famille élargie soit contaminée par ce type de démarche qui s'inscrit fréquemment dans une forme de compétition. L'enfant ainsi manipulé devient naturellement à son tour manipulateur et, perdant ses repères de bienséance, va réclamer plus et encore. Le résultat est que les rôles sont inversés. L'enfant détient le pouvoir sur ses parents et pense les manœuvrer à sa guise. Ce peut être grisant pour lui. C'est en tout cas une régression puisqu'il retrouve l'illusion d'un petit de 3 ans qui se croit tout-puissant et qui tente de régenter les relations entre ses parents. Il plonge alors dans un monde irréel, celui du fantasme où, comme Blanche-Neige ou Boucle d'or, il quitte sa famille pour en choisir une autre. C'est enivrant, mais angoissant et générateur de cauchemars, car ce sentiment de domination sur ceux qui sont censés le protéger implique désormais qu'il ne peut plus se mettre à l'abri de leur pouvoir.

□ Histoire de Martine

Martine a quitté son compagnon il y a deux ans et vit seule avec ses trois enfants. Mère au foyer jusqu'alors, elle a trouvé un emploi de secrétaire à temps partiel après la séparation. Malgré la pension alimentaire, son niveau de vie a chuté. Son mari, cadre supérieur ayant par ailleurs des parents fortunés, n'a pas connu les mêmes difficultés. Elle est mal à l'aise et perd son sang-froid quand une de ses enfants, la plus matérialiste, se plaint de ne pas trouver chez elle le même confort, les mêmes activités, les mêmes vacances, ni des cadeaux aussi beaux que chez son père. Mais, après des conseils obtenus en consultation, Martine réagit dorénavant autrement à ces plaintes incessantes, c'est-à-dire sereinement et sans se sentir coupable. Elle explique à sa fille qu'elle est très contente de la voir bénéficier de tous ces avantages matériels avec son père. Elle ne voit d'ailleurs aucun inconvénient à ce qu'elle fasse circuler ses affaires et ses jouets d'une maison à une autre. Elle lui conseille d'associer ce qu'elle reçoit de ses deux parents plutôt que de perdre du temps à faire des comptes et lui dit que, si ses parents ne s'étaient pas séparés, elle aurait reçu globalement la même chose. Toutes les choses matérielles qui lui sont offertes, c'est comme l'amour qu'elle recueille, cela s'ajoute, mais cela ne se divise pas. Elle lui précise qu'étant leur fille, elle reste leur compte commun. Quand sa fille se plaint de ne pas être aux Caraïbes avec son père, alors qu'elle a la chance de passer des vacances en Vendée avec sa mère, celle-ci retient sa colère. Tout en lui pointant son impolitesse, elle l'invite à profiter de ce qu'elle a et lui conseille de travailler comme il convient pour avoir plus tard le métier qui lui permettra de mener la vie de luxe qui, seule, semble l'intéresser à ce jour. En sachant, bien sûr, qu'à côté de ces plaintes manipulatrices coexiste la nostalgie du passé.

□ Quand il refuse de voir un de ses parents

La capacité de manipulation de l'enfant prend parfois des formes beaucoup plus dramatiques, quand l'enfant décide de ne plus se rendre chez un parent ou va jusqu'à demander à ne plus voir du tout son père ou sa mère. Il arrive qu'il sème la zizanie au sein du couple déjà brouillé, comme s'il cherchait à imiter les adultes qui l'entourent et qui font preuve de mauvaise foi et de double jeu. Les enquêtes décidées par le juge, qui demande des entretiens de l'enfant avec un psychologue ou un assistant social afin de décider des modalités de garde, si elles sont mal conduites, laissent croire à l'enfant qu'il est en son pouvoir de décider avec quel parent il doit vivre. Non seulement c'est un non-sens éducatif, une dé-responsabilisation des adultes, mais c'est aussi une rupture des lois générationnelles, génératrice de conduites délinquantes, ainsi qu'une attitude susceptible de provoquer une profonde culpabilité chez l'enfant. Or, à moins que l'enfant ne soit un adolescent mature, il est du ressort des adultes de savoir ce qui est bon pour lui ; et si son témoignage est un élément de réflexion, il ne doit pas être en soi décisionnaire. On en vient à des situations où l'enfant est conduit à pouvoir répudier son père ou sa mère, ayant été notamment dans cette visée manipulé par l'autre parent consciemment ou non. On confond de plus en plus intérêt et droit de l'enfant avec ses desiderata. En dehors, évidemment, des cas de maltraitance qui font que le juge appliquant la loi déclare un parent inapte à prendre en charge un enfant totalement ou partiellement, l'enfant est, jusqu'à ses 18 ans[1],

---

1. 16 ans, s'il demande et obtient l'émancipation.

sous la responsabilité, l'autorité et la protection de ses deux parents.

Il dit que, plus tard, il ne se mariera pas

« Quand je serai grand, je ne me marierai pas parce que cela finit toujours par le divorce », lance Xavier, 9 ans, dont les cousins et les meilleurs copains ont des parents qui, comme les siens, ont mis fin à leur vie de couple. Inutile de vous alarmer si votre enfant tient des propos similaires. Certains enfants de cet âge n'envisagent pas de se marier, même si leurs parents vivent ensemble. C'est simplement parce qu'ils sont à un âge où la différenciation fille/garçon est majeure. Les garçons se construisent comme garçons en n'assimilant que du masculin et en prenant de la distance avec les filles et avec tout ce qu'ils perçoivent comme du féminin. C'est pareil du côté des filles. On l'observe bien en cours de recréation, à l'école primaire, où, malgré la mixité présente depuis trente-cinq ans et la parité, filles et garçons jouent séparément.

□ Ne pas hésiter à parler d'amour

Il ne faut pas pour autant banaliser ces propos, car ils témoignent parfois d'une méfiance vis-à-vis de l'amour conjugal, qui pourrait continuer de s'exprimer quand sonnera l'heure des amours adultes. L'enfant traduit parfois le renoncement à vivre une nouvelle histoire d'amour chez un parent blessé (à jamais ?) par cette rupture et qui jure qu'on ne l'y reprendra plus. Il n'est pas interdit de parler d'amour avec son enfant. Dites-lui qu'on n'est jamais obligé de se marier. Que s'il est vrai que le mariage n'empêche pas l'amour de s'éteindre un jour, il veut dire qu'on a le souhait qu'il dure le plus longtemps possible. Mais que l'amour, c'est quelque chose de vivant, donc, comme tout être vivant, cela évolue, change de forme, et sa forme initiale peut disparaître. Mais qu'il est dommage de s'empêcher d'aimer quelqu'un sous prétexte qu'on risque de ne plus aimer ou que cette personne risque de ne plus nous aimer ; de même qu'il serait dommage de renoncer à vivre parce qu'on doit mourir un jour. La valeur d'une histoire d'amour n'est pas toujours sa durée. Il y a de magnifiques histoires d'amour qui ne durent que quelques mois. Inutile de chercher des explications à la fin d'un amour. Il n'y a pas plus de raisons de ne plus s'aimer qu'il y en avait de s'aimer tant. La raison n'est pas ce qui règle l'amour[1]. Vous pouvez lui dire aussi : « Je ne regrette pas d'avoir aimé ton père, même si j'ai cru que ce serait pour la vie, car c'est la magie d'un premier amour que d'ignorer qu'il puisse finir un jour. En tout cas, cette histoire a existé, comme certaines étoiles que l'on voit encore alors qu'elles sont éteintes, elle est inscrite quelque part en toi. Renonce si tu le veux à croire en l'amour éternel, mais ne renonce pas éternellement à l'amour. »

Gain de maturité et autres réactions positives

La séparation des parents n'occasionne pas uniquement des réactions négatives, telles que des conduites régressives, des troubles du comportement, des états anxieux ou dépressifs. On constate aussi concomitamment des réactions salutaires, car elles témoignent d'un apaisement de la souffrance et d'une forme de cicatrisation.

---

1. Molière, *Le Misanthrope* (1666).

La séparation, quand elle vient mettre un terme à la mise en scène de conflits devant l'enfant, est un grand soulagement pour lui. Elle l'est aussi quand elle permet aux parents de se sentir mieux et de reprendre plus sereinement leur fonction parentale. Anne, durant les deux années qui ont précédé sa séparation, était si déprimée qu'elle n'arrivait plus à répondre aux besoins ni aux désirs d'affection de ses bambins. La séparation mit un terme à l'agonie de son histoire d'amour avec celui qu'elle prenait pour l'homme de sa vie. Son cœur, mis en berne, arrêta de saigner. Elle put alors commencer à se rétablir et ses enfants la retrouvèrent.

La séparation est aussi le moyen de mettre un enfant à l'abri des comportements maltraitants d'un parent, condition préalable indispensable à la reconstruction de cet enfant.

☐ Dans le secret des dieux

D'autre part, les enfants peuvent réagir par une accélération de leur maturité. On peut inscrire cette évolution dans le cadre de la résilience. Ces enfants qui apparaissent très mûrs pour leur âge sont brutalement sortis, du fait de la séparation, de l'illusion de vivre dans un monde qui ne changera jamais, de l'illusion qu'ils seront toujours des enfants. Ils font le deuil avant l'heure, c'est-à-dire avant la puberté, des images parentales idéalisées telles qu'ils se les représentaient durant l'enfance. L'enfant a pris modèle sur ses parents pour se construire par des mécanismes d'imitation et d'identification. Ils étaient pour lui tout-puissants puisqu'ils lui avaient donné la vie. C'est en tant que tels qu'ils sont divinisés. La séparation physique et symbolique (via la rupture des liens du mariage ou des liens d'amour) vient briser sa représentation commune du couple parental. L'enfant passe d'une vision binoculaire à deux visons monoculaires, mais les imagos de chaque parent peuvent rester préservées. Ce sont les discordes entre parents qui viennent modifier la représentation que l'enfant possède de chacun d'eux. Car il est placé côté coulisse, il est projeté dans le secret des dieux qu'est l'intimité parentale.

Seul un parent a le pouvoir de dénaturer l'image qu'un enfant a de l'autre parent. C'est ce qui se produit lors des conflits de couple où les parents se déconsidèrent, s'humilient, se désavouent face à l'enfant. Aux yeux de l'enfant, ses idoles sont brisées. À l'occasion de cette rupture, les enfants découvrent souvent que leurs parents ont une vie sexuelle, alors qu'ils avaient possiblement occulté cet aspect-là, comme c'est souvent le cas entre 6 et 12 ans. Cela leur est révélé désormais quand ils entendent parler de la maîtresse de papa ou du petit copain de maman, ou bien quand s'échoient dans leurs oreilles des confidences relatives à l'intimité de chaque parent. Ils repèrent aussi les modes de vie différenciés de chacun des parents qui, eux-mêmes troublés par leur séparation, laissent leur personnalité d'homme ou de femme prendre largement le dessus sur leur statut de parent. Les parents continuent d'être des références et des modèles, mais ils sont désidéalisés. L'enfant apprend à relativiser leurs propos, leurs consignes, leurs attitudes, leurs attentes, leur pouvoir. Chassés du paradis de l'enfance, après être entrés dans le secret de leurs dieux à cause de la pomme de la discorde croquée par leurs parents, certains enfants vont paniquer de ne plus être sous protection divine. Ils vont réagir par de la régression ou de l'angoisse. D'autres, et c'est le cas des enfants qui gagnent en maturité, vont prendre le taureau par les cornes, se prendre en main et accepter cette liberté et ces responsabilités nouvelles. Chassés de l'Éden, ils décident d'avoir les pieds sur terre. L'enfant va alors prendre ses distances avec ses parents. Il va essayer de s'en rendre moins dépendant, devenant, par exemple, dépendant d'autres activités ou d'autres personnes. Il peut ainsi s'investir davantage dans un sport ou dans ses activités scolaires.

☐ Histoire de Morgane

C'est le cas de Morgane, 10 ans, qui n'avait jamais beaucoup investi l'école. Elle n'avait envie que de « s'amuser » selon les termes de sa mère qui devait passer beaucoup de temps avec elle chaque soir pour la faire travailler. Quand ses parents ont divorcé, elle a changé du tout au tout. Renonçant en grande partie à ses rêveries en classe et à ses jeux de poupées à la maison, elle est devenue attentive et studieuse à l'école, faisant seule ses devoirs à la maison. Tout s'est passé comme si, dans sa tête, la scolarité et la maternité étaient liées indéfectiblement.

J'ai déjà constaté qu'à cause de ce lien, beaucoup d'adolescents prenaient leurs distances avec leur scolarité en même temps qu'ils la prenaient avec leurs parents. Mais avec Morgane, c'est une dynamique inverse qui s'opère. Pour elle, la dépendance à sa mère était telle qu'elle n'investissait pas l'ailleurs qu'était l'école et qui aurait pu la séparer de sa mère (elle ne voulait pas être « adultère » à sa mère avec sa « maîtresse »). Retravaillant tout le programme avec sa mère, elle introduisait l'école au sein de la maison. Du fait de la séparation, toute son organisation affective a été bousculée. Elle ne voyait plus sa mère avec les mêmes yeux. Et Morgane a choisi, pour supporter ce tremblement de terre, d'investir cet ailleurs qu'est devenue pour elle l'école. Ce faisant, elle conservait en elle l'image de sa mère d'avant la séparation, celle qui la faisait travailler, mais elle l'avait intégrée en elle, dans son cœur et dans sa tête. Quand elle travaillait de façon autonome, elle s'identifiait à ses professeurs, à tous les adultes qui savent, tout en étant elle et sa mère en une seule personne.

□ Une accélération de l'autonomie

Après la séparation, l'enfant qui gagne en maturité va, à l'instar des adolescents, rechercher d'autres modèles dans son entourage familial, social ou parmi des héros véhiculés par les médias. Il va moins attendre de ses parents qu'ils répondent à ses besoins et apprendre à se « débrouiller » seul. Déjà, le fait de se déplacer entre les logements de ses deux parents a poussé ceux-ci à le responsabiliser en le laissant prendre le bus seul, par exemple. La valorisation de ce comportement par les parents, qui sont eux-mêmes fragilisés et soulagés de voir leur enfant devenir autonome, conduit à le renforcer. Les parents doivent prendre garde cependant à ne pas se laisser abuser et à ne pas trop en demander à l'enfant, ni le laisser tout entreprendre sans surveillance sous prétexte qu'il se débrouille bien.

Ils doivent être d'autant plus vigilants que cette hypermaturité n'est faite parfois que de carton-pâte. Elle n'est alors qu'un paravent qui masque une grande souffrance ou une bâtisse vite construite, plus proche du château de cartes que d'une maison d'architecte.

Alex a changé après la séparation. Il a beaucoup grandi dans sa tête, selon sa mère qui s'inquiète cependant de son caractère trop sérieux contrastant avec l'enfant léger et tête en l'air qu'il était. À l'école, l'enseignante se demande s'il n'est pas triste. Je le reçois en consultation. Alex est un enfant qui ne se plaint pas. Il dort et mange bien. Il est attentif en classe et se garde de toute attitude inconvenante. Il est soigné et méticuleux dans tout ce qu'il entreprend. Mais la psychothérapie met en lumière, derrière cette maîtrise, des angoisses massives d'abandon. Alex a imaginé inconsciemment que son laisser-aller d'enfant insouciant est à l'origine de sa situation. Alors, son surmoi, c'est-à-dire la

241

dimension morale de sa conscience, s'est mis à exercer un contrôle rigide sur toutes ses pulsions. Il a adopté une position dictatoriale sur ses envies inconscientes, sur toutes ses jouissances corporelles. Il pense contrôler ainsi tout ce qui pourrait lui échapper, comme l'inconstance de son univers familial. Mais ce faisant, il a porté atteinte à sa créativité et au développement de son imaginaire, comme à toute souplesse psychologique. D'ailleurs, des tics sont rapidement apparus, qui, comme l'échappée d'une Cocotte-minute, traduisent un excès de pression interne.

Quand un enfant gagne en maturité après une séparation, il arrive que ce gain soit une sortie précipitée d'un état jugé inconfortable, c'est-à-dire l'état d'enfant très dépendant de parents qui sont devenus moins présents. À défaut, il peut s'agir d'un processus psychologique de rigidification défensive face à une situation instable et angoissante. En ce cas, on ne soutiendra pas ce positionnement défensif chez l'enfant et l'on évitera en particulier de donner toujours plus de responsabilités à son enfant. Si cette rigidité persiste, on n'hésitera pas à consulter un spécialiste.

Les réactions à l'adolescence

□ Quand l'adolescence met sens dessus dessous les parents

L'adolescence des enfants est une période à risque pour le couple parental. L'adolescent, depuis sa puberté, devient un parent potentiel. Cela déplace chronologiquement ses parents au seuil d'une nouvelle génération. Quand l'adolescent perd son enfance, ses parents perdent leur jeunesse. C'est pourquoi, pour tenter de les retenir, il arrive que parents et enfants s'accrochent les uns aux autres dans une relation d'interdépendance tendre ou conflictuelle. Le sentiment du temps qui passe, le bruissement de la vieillesse qui se fait entendre, la mort qui apparaît moins lointaine, tout cela vient troubler la tranquillité d'esprit des parents. Parvenus non loin du milieu de vie, c'est l'heure de leur premier bilan. L'adolescence de leur descendant réveille leurs espoirs, leurs rêves et leurs idéaux de jeunesse. Ils comparent leur vie actuelle à leur vie rêvée. Le choc est parfois rude quand les renoncements ont été excessifs. Amertume et tristesse sont alors au rendez-vous. Des remises en question voient le jour comme de mauvais réveils : « Qu'ai-je fait de ma vie ? Ai-je vraiment profité de ma jeunesse ? Suis-je toujours amoureuse de mon mari ? Est-ce ainsi que les hommes vivent ? » Les sentiments, les affects, les pulsions adolescentes sont ravivés. Les questions existentielles de l'adolescence sont réactualisées lorsqu'elles ont été trop vite expédiées jadis. La boîte de Pandore des adolescences parentales, mal refermée, s'ouvre sous le choc provoqué par celle des enfants. La dimension sexuelle de la relation, qui n'est plus présente de la même façon au sein du couple parental que par le passé, se pose comme un questionnement, de manière aiguë. Heureusement, beaucoup de parents en couple ont des assises et des ressources suffisantes pour effectuer ce passage. Mais d'autres, totalement inconscients des enjeux qui les animent, vivent une véritable crise personnelle qui va déclencher une crise de couple majeure. J'ai constaté que l'adolescence des enfants est un facteur de risque majeur pour la solidité d'une union. Mais elle peut aussi, par les turbulences qu'elle suscite et la brisure des cadres routiniers qu'elle provoque, être une deuxième chance pour un couple et relancer sa dynamique amoureuse et sexuelle. En effet, elle réactive le noyau dur dans le cœur des parents et le feu du désir enfoui sous l'édredon du confort d'une vie de famille bien menée. Un couple qui a conservé le pouvoir du dialogue et le respect

243

de l'autre va retrouver un nouvel élan. Mais ailleurs, c'est la désunion qui l'emporte.

□ Histoire de Paul et Virginie

Paul et Virginie ont chacun une petite quarantaine. Ils ont une fille de 17 ans et un garçon de 13, qui s'entendent à merveille. Le garçon est très bébé et très proche de sa mère. La fille est beaucoup plus mature et, au dire de tous, elle est le portrait de son père. Tout se passe comme si chaque parent avait son propre enfant. Mais les relations sont difficiles dans le couple depuis une année et ils envisagent de se séparer. Ils viennent me voir pour cela, afin que leurs enfants n'en souffrent pas trop. Paul, qui demande à être reçu individuellement, me confie qu'il a une maîtresse depuis quelques mois, une jeune femme d'une vingtaine d'années. Mais je ne décèle pas d'amour véritable quand il me parle de cette Adriana. Clairement, l'amour continue de flotter entre Virginie et lui. Ils se sont connus à 20 ans et se sont mis en couple peu après, suivant le sillage de leur passion. L'histoire de Paul est la suivante : il a grandi avec son frère cadet et sa mère. Son père est mort quand il avait 12 ans. Sa mère, éplorée par la perte de son mari, ne s'est jamais remise en couple. Elle voyait en Paul le portrait de l'homme qu'elle avait tant aimé, et cela seul la consolait. Il est devenu un peu l'homme de la maison. La mère de Paul est morte à son tour quand il avait 20 ans. La rencontre avec Virginie lui a permis de retrouver la lumière. J'ai compris, à ce jeu des ressemblances et grâce aux entretiens que j'ai eus avec lui, le mal-être de Paul. Son attachement à sa fille, en écho à celui qu'il avait pour sa mère, est à double titre menaçant : du fait de l'interdit de l'inceste, mais également des menaces de mort qu'il souligne. Le décès de sa mère a été inconsciemment perçu par Paul comme la punition de ses désirs incestueux inconscients durant son adolescence. En ressentant, tout aussi inconsciemment, des désirs à l'égard de sa fille, il craint de finir comme sa mère. Sa rencontre avec Adriana, qui a presque l'âge de sa fille, lui permet d'obtenir une satisfaction déplacée et sans risque. Et dans le même temps, il retrouve dans une nouvelle union le pouvoir protecteur et consolateur qu'il avait connu avec Virginie quand il s'était, à 20 ans, retrouvé orphelin. Venu à l'origine pour avoir des conseils afin d'annoncer à moindre coût leur séparation aux enfants, Paul a pu faire un travail personnel qui l'a libéré de ses fantômes et de ses fantasmes. L'amour étant toujours vivace entre eux, Paul et Virginie ont repris leur histoire et sont toujours ensemble à ce jour.

☐ Quand les parents mettent sens dessus dessous les ados

Quand la séparation des parents est contemporaine de l'adolescence des enfants, le traumatisme intervient au cœur même des remaniements affectifs et psychologiques qui caractérisent cette période de la vie. Les réactions affectives au moment de la séparation sont souvent vives. Bien sûr, l'impact va être variable selon la personnalité de l'adolescent et celle de ses parents, de l'état des relations entre les parents avant le divorce et surtout du caractère amiable ou conflictuel de la séparation.

Dans les situations difficiles, l'adolescent peut ressentir et exprimer sa douleur, sa tristesse, mais aussi sa colère. Tout se passe comme si l'adolescent se sentait trahi par ses parents qui l'auraient bercé de l'illusion de la pérennité durant toute son enfance. Le déchirement de ses parents est vécu comme l'écho de son enfance qui se déchire en lui. Les adieux attristés qu'il doit faire à son enfance (et qu'il aurait dû faire, même si ses parents étaient restés ensemble), il les met sur le compte de cette désunion. C'est souvent un parent, celui que l'ado considère comme responsable, qui fait les frais de ce ressentiment.

Cette rancœur peut s'accompagner secondairement de la culpabilité d'avoir fait le choix de l'un contre l'autre et d'être parti en guerre contre l'un d'eux. Cette situation peut bloquer le processus d'émancipation caractéristique de l'adolescence et implanter le jeune dans une dépendance à l'égard d'un des parents, généralement celui qui est le plus fragilisé par la séparation, ou celui que l'ado perçoit comme le plus disponible à son désir œdipien. En effet, il va retenir son besoin d'autonomie propre à son âge, car il risque de le juger blessant vis-à-vis du parent esseulé. La réaction habituelle de compromis est alors souvent un état dépressif chez le jeune qui retourne contre lui son agressivité et qui se maintient « petit » par l'état de régression propre à toute dépression.

L'adolescent peut être conduit à porter des jugements sur ses parents, non plus simplement dans le cadre de leur fonction, mais en tant qu'homme et femme, autorisé en cela, croit-il, par le déballage de l'intimité lors des conflits ou des confidences parentales. De même, il prendra position à propos du ou des nouveaux partenaires. La présence d'amants ou de maîtresses, des comportements sexuels nouveaux chez les parents, vont faire prendre conscience à l'enfant que ses parents sont aussi des sujets sexuels, alors qu'il refoulait ou déniait salutairement cette dimension, afin de se protéger mentalement de l'angoisse de l'inceste à l'heure où son corps devient pubère. La réactivation de cette angoisse va s'exprimer de différentes façons, mais essentiellement par une prise de distance renforcée de la part du jeune.

À l'adolescence, l'enfant doit brûler ses idoles, mais il doit le faire progressivement et prudemment, sinon, il risque de se brûler avec, tant il s'est construit en se modelant sur eux.

En outre, on ne congédie pas aisément treize ou quatorze ans de relations intimes. Il ne s'agit pas tant de prendre ses distances physiquement avec eux que de faire le deuil des images parentales que l'on porte en soi. Quand le jeune est confronté au divorce, la dés-idéalisation parentale est souvent accélérée. Cela occasionne tristesse, nostalgie, sentiment de vide, mais aussi une grande anxiété qui va s'exprimer soit par de l'agressivité, soit par des somatisations (maux de ventre, migraine, eczéma...). Il arrive qu'il rejette en bloc ses deux parents, mais il rejette ainsi la majeure partie de l'enfant qu'il était et est encore, de par les liens d'identification qui l'aboutent à eux deux.

Pour éviter ce naufrage, il va se raccrocher à sa fratrie ou à d'autres membres de sa famille, tels que ses oncles et tantes ou ses grands-parents qui ont été aussi des modèles identificatoires et qui portent en eux une partie des modèles parentaux. Hélas, dans certaines situations familiales, le maintien de ces liens collatéraux n'est pas possible. L'opposition initialement dirigée contre ses ascendants va alors potentiellement se retourner contre la société dans son ensemble. Menacé dans son sentiment identitaire, l'adolescent peut répondre à ses angoisses par des passages à l'acte à type de conduites délictueuses, hétéro-agressives ou suicidaires. C'est pourquoi, à l'adolescence, quand les parents se déchirent, il est bon que l'enfant puisse avoir des relais dans sa famille ou dans ses activités. Car l'ado peut aussi s'autonomiser en s'attachant et en s'identifiant à ses enseignants ou maîtres d'apprentissage si sa réussite scolaire le permet, ou des maîtres en sport, en musique ou tout autre domaine de loisirs. L'ouverture sur l'extérieur avec de nouvelles identifications est alors précipitée, et l'on voit des préadolescents qui, du fait de la séparation de leurs parents, vont gagner en autonomie, en responsabilité et en maturité. À défaut de ces relais possibles et de cette évolution positive du jeune, un internat est conseillé, afin qu'il y trouve un encadrement adulte qui le soutiendra identitairement.

Pour se dégager au plus vite des imagos parentales, l'ado peut adopter une distanciation physique. Il va sortir de plus en plus, retrouver des copains à l'extérieur ou chez eux ; dans les cas les plus dramatiques, des fugues sont observées.

La distanciation est aussi verbale. Sam, depuis que son père est parti et qu'il vit seul avec sa mère, continue de parler avec son père qu'il ne voit qu'un week-end sur deux, mais ne parle pratiquement plus avec sa mère avec laquelle il vit seul désormais. Celle-ci ne comprend pas, d'autant que, juste avant le divorce, Sam et elle échangeaient abondamment ensemble, calfeutrés dans une grande complicité sous le regard bienveillant du papa. L'adolescent peut, comme Sam, se murer dans un silence lourd. Il peut, à l'inverse, remplir l'espace entre lui et son parent d'un tonnerre de propos outranciers, sur un ton emporté et avec un vocabulaire appartenant à un néolangage qui s'éloigne de sa langue « maternelle ». Les adultes doivent comprendre cela comme une protection et une émancipation. Ils doivent cependant condamner toutes les insultes qui sont la marque d'une brisure dans l'échange. Rien ne les empêche de retranscrire devant eux leurs propos en termes plus classiques (Tu veux dire, je suppose...) et de continuer l'échange en utilisant leur propre façon de parler. Il n'est bien sûr pas conseillé d'adopter leur langage, sinon l'on ne respecterait pas ce besoin de distanciation. Plus classiquement, il va aussi prendre ses distances en s'isolant devant ses jeux d'ordinateur ou en écoutant sous le casque « sa » musique, des heures durant. Il va aussi changer d'apparence, via la coiffure, le maquillage, la musculation, le style vestimentaire et des accessoires (du bijou au percing). Si cela n'est pas suffisant, il peut adopter des conduites délictueuses pour changer l'image de l'enfant sage ayant intégré les interdits transmis par ses parents. Au pire, en cas d'échec, les conduites suicidaires ne sont pas exceptionnelles et sont le signe d'une volonté extrême de distanciation avec sa vie d'avant.

L'adolescent peut se croire en partie responsable de la séparation, d'autant plus qu'au cours des remaniements de l'adolescence, il y a une reviviscence des pulsions œdipiennes et donc des positions d'attachement et de rivalité à l'endroit de l'un ou de l'autre parent. Il va interpréter la séparation comme la conséquence malheureuse de ses sentiments hostiles vis-à-vis de l'un d'eux. Cette culpabilité occasionne des conduites auto-agressives qui prennent la forme de prises de risques et d'accidents. Quand les parents se remettent chacun de leur côté en ménage, il y a un apaisement de ces pulsions œdipiennes, mais le beau-parent doit parfois, dans un premier temps, subir les assauts de sa belle-fille ou de son beau-fils qui le vit comme un rival ou, à l'inverse, comme trop attrayant.

Si la séparation peut certes aggraver, comme à tous les âges, des troubles psychologiques existants chez l'adolescent, on assiste, dans beaucoup de situations, à une forme d'apaisement qui fait suite à l'arrêt des conflits incessants qui rendaient l'atmosphère insupportable.

□ Quelques conseils

Afin de se prémunir, les parents doivent être informés et se préparer aux rafales qui déferleront sur leur couple à l'adolescence de leur « petit ». Il ne s'agit pas de garder ses pas dans la routine, mais de redécouvrir une véritable vie de couple faite d'attentions mutuelles, d'écoute, de retrouvailles dans les jeux du corps, de week-ends à deux ou entre amis, et de projets nouveaux.

Aux conseils généraux, valables pour les enfants de tous âges, concernant l'annonce de la coparentalité, il est des recommandations spécifiques à donner aux parents d'adolescents qui prennent eux aussi leur envol. Il faut que l'adolescent soit reconnu en tant que tel, que l'on ne se conduise plus avec lui comme s'il était encore un enfant, c'est-à-dire qu'il lui soit donné de nouveaux droits et de nouveaux devoirs. Mais lui confier de nouvelles responsabilités ne signifie pas qu'on lui donne la place du parent manquant. Responsabilité doit signifier pour lui être moins dépendant de ses parents, se prendre en charge, faire sa chambre, ses courses personnelles, les démarches administratives qui le concernent. Cela ne signifie pas se conduire comme le papa ou la maman bis du petit frère ou de la petite sœur, ni s'occuper systématiquement de faire la cuisine ou de laver le linge pour tout le monde, et encore moins de regarder la télé dans le même lit ou de faire des massages à son père ou à sa mère. On maintiendra une distance avec l'adolescent(e), surtout si l'on vit seul à ses côtés. On frappera à la porte de sa chambre avant d'entrer, on ne fouillera pas dans ses affaires (ou alors très discrètement), on ne le laissera pas aller et venir dans la chambre à coucher parentale, on placera un petit verrou dans la salle de bain, on ne se promènera pas nu devant lui, et l'on ne s'épanchera pas auprès de lui sur sa souffrance affective. S'il transgresse, on ne banalisera pas et l'on n'hésitera pas à punir sans dramatiser. On informera systématiquement l'autre parent, sans chercher à trouver en lui un responsable, et on l'avisera également de la punition décidée. On évitera bien sûr des reproches impliquant l'autre parent : « Tu te conduis aussi mal que ton père ! », « Arrête de parler comme ça, on dirait ta mère ! » Tenir bon dans sa position d'adulte, ce n'est pas synonyme de se bloquer dans des positions autoritaires ; et dialoguer avec son adolescent, c'est lui signifier qu'on le reconnaît comme un interlocuteur valable. On se gardera de la tentation de maîtriser le fonctionnement corporel de son enfant.

Quand on divorce, surtout si on n'en a pas pris l'initiative, on a le sentiment que sa vie dérape et que l'on n'a plus de prise sur elle. Alors on s'accroche à ce que l'on a « sous la main » et le parent déboussolé peut s'inquiéter démesurément pour le corps de son enfant. Des reproches excessifs sur sa façon de s'alimenter, de se vêtir, sur son hygiène, traduisent en fait ce contrôle démesuré. S'il exprime des plaintes somatiques de type hypocondriaque, on les accueillera sans les dramatiser, ni les récuser en traitant l'ado de malade imaginaire, ni les solliciter par des inquiétudes permanentes (« Tu n'as pas eu mal aujourd'hui ? »), des massages ou des investigations médicales tous azimuts. Enfin, on ne sera pas conciliant avec l'adolescent s'il s'oppose à l'autre parent. On ne l'autorisera pas à lui manquer de respect, même si on n'en pense pas moins. Et on lui répétera qu'il n'est pas tenu de chercher sans cesse un responsable de la séparation de ses parents. On tentera évidemment de lui tenir un discours positif sur l'amour, tout en lui conseillant des lectures sur ce sujet afin qu'il en explore les méandres avec d'autres sujets d'étude que ses parents.

Conclusion

La fréquence des séparations parentales n'autorise pas à banaliser l'impact que chacune d'elles a sur les enfants concernés. C'est un événement de vie qui bouleverse l'enfant, parfois jusqu'aux abysses de sa personnalité et de son identité. Les études mettent en évidence que les enfants de parents séparés présenteraient statistiquement davantage de difficultés scolaires, de difficultés affectives et de troubles du comportement que les autres. Mais donner tort à ces statistiques est réalisable. Il est possible de prévenir ces troubles et de faire que ce drame soit vécu à moindre mal ou soit suivi de résilience. Se séparer sans le déchirer, c'est aussi cela l'art d'être parent. Oui, il existe des séparations parentales qui ne soient pas traumatisantes ! Mais elles concernent des parents qui ne renoncent pas à leur mission de coparentalité et qui placent l'amour pour leur enfant au-dessus de leur amour-propre. Elles sont le fait de parents qui acceptent de s'informer sur la façon d'accompagner leurs enfants et de se faire aider durant cette traversée périlleuse et la nouvelle vie qui lui succède. Les parents séparés, en tant que mari et femme, doivent maintenir, ou repriser s'il s'était défait par les conflits, un filet parental de soutien. C'est un filet composé d'attention, de protection, d'éducation, de soins et d'amour, et qui, à l'image d'un hamac tendu entre deux maisons, préserve l'enfant, le maintient dans son continuum physique, psychique, affectif et social. Un filet qui lui assure un confort d'existence, lui laisse une liberté de mouvement et d'épanouissement personnel et le soutient au-dessus des aléas relationnels d'un couple. Il n'est pas nécessaire que les parents soient collés l'un à l'autre pour être de bons parents. Chacun de sa place, à un bout du filet, soutient son enfant, et ce soutien est sous-tendu par le soutènement de l'autre parent. La coparentalité, chez les parents séparés, c'est comme deux piliers également indispensables pour porter l'enfant. Mais c'est aussi trouver la bonne distance, afin d'assurer le confort maximal pour l'enfant dans son « hamac[1] » : ni trop près, pour ne pas laisser tomber l'enfant ou le comprimer dans la résurgence de conflits (notamment avec le beau-parent), ni trop éloigné, pour qu'il ne se sente pas écartelé.

C'est en préservant le meilleur qu'on s'éloigne du pire.

---

1. Hamac : lit portatif épousant la forme du corps, fort en usage en Afrique et en Amérique, suspendu entre deux arbres, pour se garantir pendant la nuit des bêtes féroces et des insectes. (Définition inspirée de celle du Littré.)

Remerciements

À Gaston et Mireille pour être toujours ensemble.

À Nathalie Pourtalet pour ces moments partagés, passés et à venir.

À Bernadette Costa-Prades pour le livre « Comment survivre au divorce de ses parents » chez Albin Michel Jeunesse, que nous avons fait ensemble.

À l'ensemble du service de psychiatrie infanto-juvénile de l'hôpital de Pontoise.

À Maïa, qui ne me quitte pas.

Table des matières

DANS LA MÊME COLLECTION

Intelligent mais peut mieux faire
Jean-Luc AUBERT

Quels repères donner à nos enfants dans un monde déboussolé ?
Jean-Luc AUBERT

Du berceau à l'école – Les chemins de la réussite
Jean-Luc AUBERT

Mes parents se séparent – Je me sens perdu
Maurice BERGER et Isabelle GRAVILLON

Sectes, gourous, etc. – Éviter aux ados de se laisser piéger
Dominique BITON

Petite terreur ou souffre-douleur – La violence dans la vie de l'enfant
Stéphane BOURCET et Yves TYRODE

Petits tracas et gros soucis de 1 à 7 ans – Quoi dire, quoi faire
Christine BRUNET et Anne-Cécile SARFATI

Petits tracas et gros soucis de 8 à 12 ans – Quoi dire, quoi faire
Christine BRUNET et Anne-Cécile SARFATI

Une famille, ça s'invente – Les atouts des parents, les atouts des enfants
Hélène BRUNSCHWIG

Papa, Maman, laissez-moi le temps de rêver !
Etty BUZYN

Me débrouiller, oui, mais pas tout seul !
Etty BUZYN

La Mort pour de faux et la Mort pour de vrai
Dana CASTRO

Ça va pas fort à la maison – L'enfant et les soucis des grands
Dana CASTRO

Qui lit petit lit toute la vie
Rolande CAUSSE

Il a du mal à l'école – Un peu, beaucoup, trop... comment l'aider
Brigitte CHEVALIER

Il a du mal au collège – Comment l'aider
Brigitte CHEVALIER

Petit manuel à l'usage des grands-parents qui prennent leur rôle à cœur
Étienne CHOPPY et Hélène LOTTHÉ-COVO

Tu ne seras pas accro, mon fils ! – Peut-on éviter à nos enfants de devenir dépendants ?
Dr Jean-Claude MATYSIAK

Mon enfant me dévore
Lyliane NEMET-PIER

L'Enfant unique – Atouts et pièges
Carl E. PICKHARDT

J'suis pas motivé, je ne fais pas exprès
Brigitte PROT

Papa, Maman, j'y arriverai jamais ! – Comment l'estime de soi vient à l'enfant
Emmanuelle RIGON

J'ose pas, je suis trop timide – S'affirmer est un jeu d'enfant
Emmanuelle RIGON

Pourquoi pleurent-ils ? – Comprendre le développement de l'enfant, de la naissance à 1 an
Hetty van de RIJT et Frans X. PLOOIJ

Aidez-moi à trouver mes marques ! – Les repères du tout-petit
Michael ROHR

Toutes les questions que vous vous posez sur l'école maternelle
Nicole du SAUSSOIS

Les Risques de l'adolescence
Gérard SÉVÉRIN

Crèches, nounous et Cie – Modes de garde, mode d'emploi
Anne WAGNER et Jacqueline TARKIEL

Hors collection

Petites histoires pour devenir grand – À lire le soir pour aborder avec l'enfant ses peurs, ses tracas, ses questions
Sophie CARQUAIN

Petites histoires pour devenir grand 2 – Des contes pour leur apprendre à bien s'occuper d'eux
Sophie CARQUAIN

Composition IGS
Impression : Imprimerie Floch, juin 2006
Éditions Albin Michel
22, rue Huyghens, 75014 Paris
www.albin-michel.fr
ISBN : 2-226-15350-0
ISSN : 1275-4390
N° d'édition : 24597 – N° d'impression : 65955
Dépôt légal : septembre 2004
Imprimé en France